내가 사망의 음침한 골짜기로 다닐지라도

내가 사망의 음침한 골짜기로 다닐지라도

암 투병 중에 시편 암송이 준 평안

도지원 지음

아가페

언제나,
특히 암 투병 중에
함께해 준 아내

최혜영에게

추천의 글 ·······

저자는 험한 질병과의 싸움 속에서 시편을 만나고 있습니다. 시편은 어느 한 편도(심지어 찬양시까지도) 아픔 없이 쓰인 시가 없습니다. 극한을 넘나드는 삶의 고통 속에서, 하나님께 부르짖고 응답받고 그분께 감사와 찬양을 올린 것들입니다.

저자는 자신이 힘겨운 싸움의 과정 속에 있기에, 시편 기자들의 심정과 가장 가까운 자리에서 시편을 읽을 수 있었습니다. 그래서 저자를 통해 해설되는 시편은 깊은 평안과 위로를 줍니다. 동시에 이 책은 탄탄하고 성실한 주경이 돋보입니다. 1, 23, 121편 세 개 시편의 문맥을 따라가며 충실하고 풍성한 해설을 제공해 줍니다. 문맥을 따라 본문 전체를 빠짐없이 읽어내는 헌신적 자세가 탄복스럽습니다.

특히 이 책에는 구약성경의 흐름과 주제에 대한 저자의 깊은 이해가 반영되어 있습니다. 언약과 언약적 사랑 헤세드, 복을 받기 위한 신앙인의 도덕적 자질 '의'(義), 기도(신앙)의 궁극적 목표로서 하나님과의 인격적 교제 등 오늘 우리 신앙의 현실에 절실히 필요한 중요한 교훈들이 빼곡히 제시되어 있습니다.

이 책을 읽는 이는 누구든 시편을 통해 승리의 큰 확신을 얻을 것이며, 시편의 음성을 따라 하나님께 말을 건넨다는 것이 무엇인지 배울 것입니다. 암 투병 중인 성도뿐 아니라 시편을 잘 알기 원하는 성도나 사역자라면 한 번쯤 읽어볼 만한 수작이라고 생각합니다.

_ 현창학, 합동신학대학원대학교 구약학 교수

어느 날 갑자기 듣게 되는 암 진단은 우리에게 세 가지를 생각하게 합니다. 첫째, '죽음'을 생각하게 합니다. 누구나 언젠가는 반드시 죽으리라는 것을 잘 알지만, 인간은 그 사실을 삶 속에서 의식하며 살지는 않습니다. 그러나 암이라는 진단을 받고 투병하면서, 인간은 정말 현실이 되는 그 죽음을 비로소 아주 가까이서 느끼고 생각하게 됩니다.

둘째, '삶'을 생각하게 합니다. 암은 진단받고 나서 바로 의식을 잃고 죽는 병이 아닙니다. 결과가 어떻게 나오든 긴 투병의 시간을 보내면서, 하루하루 산다는 것을 절실히 체험하면서 살게 됩니다. 그리고 만일 치유된다면, 그 후의 삶을 어떻게 살아야겠다는 매우 큰 인생관의 변화를 만들기도 합니다.

셋째는 '하나님'을 생각하게 합니다. 설사 암이 완치된다 할지라도 우리는 결국 죽습니다. 그런데 암을 통해 미리 한 번 그 죽음 가까이에 다가가 볼 수 있기에, 정말로 진지하게 죽음 이후의 영원에 대해, 그래서 하나님에 대해 더 깊이 생각하게 됩니다.

언제나 침착하며 늘 은은한 미소를 보이는 도지원 목사님이 바로 그 암 진단을 받았습니다. 그리고 암과 함께하던 기간 동안 자신의 경험, 죽음과 삶에 대한 생각, 그리고 하나님에 대한 묵상을 조용히 우리 앞에 내놓았습니다. 그의 그 고통으로 우리는 암 같은 삶의 큰 고통 앞에서 소중하게 읽을 수 있는 좋은 책을 선물 받았습니다. 그가 이렇게 할 수 있도록 힘과 은혜를 주신 하나님께 감사드립니다.

_ 전우택, 연세대 의대 교수, 전 한국누가회 이사장

도지원 목사님이 쓰신 이 책은 매우 특별합니다. 이 책은 목사님이 암 투병하면서 늘 묵상하던 시편을 정리한 내용이기 때문입니다. 저자는 시편 1, 23, 121편을 매우 특별한 시각으로 바라봅니다. 죽음과 맞닿은 고통의 시간을 보내면서 깊이 깨닫고 체험한 내용을 기록하고 있습니다. 잘 알려진 세 개의 시편이 특별한 시기에 어떻게 특별한 위로와 힘이 되었는지 진솔하게 적어가고 있습니다.

우리는 이 책을 통해 인생의 깊은 밑바닥에서 솟아올라오는 저자의 신음소리와 감사의 고백과 종래에는 벅차오르는 환희의 찬양을 들을 수 있습니다. 이 책에서 저자의 모든 언급은 개인적인 신상이나 감정을 표현하는 데 그치지 않고, 구구절절 우리 주님이 누구인지를 알려주는 데 헌신하고 있습니다. 이것이 이 책의 탁월한 점입니다.

"극한 고통 속에서 하나님은 자신의 언약백성을 어떻게 대하시는 가?" 저자는 이 질문을 본문에 대한 치밀하고 정확한 해석과 적실한 적용을 통해 풀어가고 있습니다. 이 점이 이 책을 단순한 간증집이나 설교집을 넘어선 훌륭한 저서로 만들어줍니다. 암뿐 아니라 그 밖의 고통에 맞서 고민하는 모든 성도와 목회자들에게 필히 일독을 권합니다.

_ 박완철, 남서울은혜교회 담임목사

Contents

들어가면서 ·······

2015년 2월 어느 날, 나는 암 진단을 받았습니다. 그러고 보니 벌써 5년의 세월이 흘렀습니다. 그날 나는 조직검사 결과를 통해 암 세포가 내 몸에 자라고 있다는 사실을 알게 되었습니다. 근육암이었습니다. 나는 의사의 권고대로 수술 일정을 잡았습니다. 수술은 암세포가 발견된 가슴 부위의 근육을 제거하는 것이었습니다. 나는 주일 교회사역을 다 마치고 곧바로 병원에 입원했습니다. 그리고 수술에 필요한 여러 검사를 받았습니다. 난생 처음 침대에 누워 수술실로 들어가면서 나는 기도했습니다. "하나님 아버지, 저를 긍휼히 여기시고 수술의 전 과정을 지켜주소서."

수술은 잘 끝났고, 나는 주말에 퇴원하여 바로 주일학교 교사 모임에 참석했습니다. 그리고 다음날 주일예배에서, 나는 암 진단 받은 사실을 성도들에게 알렸습니다. 치료를 위해 앞으로 얼마 동안 목회를 쉬게 될 것도 말했습니다.

그 후 6주 동안의 방사선 치료를 시작했습니다. 치료는 월요일부터 금요일까지 매일 받아야 했습니다. 방사선 치료를 시작하고 얼마 지나지 않아 몸에 고통이 오기 시작했습니다. 피부가 화상을 입은 것처럼 변했습니다. 특히 목 부분이 치료 범위에 들어 있어서, 식도로 물을 삼키는 것조차 힘들었습니다.

방사선 치료가 끝나자 잠시 쉬고 6개월간의 항암치료를 시작했습니다. 첫 주에는 월요일부터 금요일까지 매일 주사를 맞았습니다. 주사를 여러 대 맞는 첫날이 가장 힘들었습니다. 주사를 맞고 나면 면역력이 떨어지면서 심한 몸살을 앓는 것 같았습니다. 그래서 처음 한두 주는 몸을 가누기도 힘들었고 잠을 이루지도 못했습니다. 물론 외출도 할 수 없었습니다. 그러다 두 주 정도 지나면 몸 상태가 서서히 회복되어 외출을 할 수 있었습니다.

이렇게 다섯 째 주가 되면 다시 첫 주와 마찬가지로 주사를 맞았습니다. 치료는 이런 과정을 여섯 번 반복하는 것이었습니다. 항암치료를 시작하자 얼마 지나지 않아 눈썹과 머리털이 전부 빠져 모자를 쓰지 않고는 외출할 수가 없었습니다. 항암주사로 인한 부작용도 있었습니다. 무엇보다 음식에 대한 거부감이 힘들었습니다. 멀리서도 음식

냄새가 나면 기겁할 정도였습니다. 그러다 보니 먹을 수 있는 음식이 거의 없었습니다.

그러나 식사를 거르지 않기로 마음먹었습니다. 그래서 종종 먹을 수 있는 음식을 찾아 식당을 기웃거리기도 했습니다. 한번은 음식을 주문했는데, 입에 대는 순간 도저히 먹을 수 없어서 수저를 놓고 나온 적도 있습니다.

아무것도 먹기 힘들 때는 과일로 배를 채웠습니다. 항암치료를 받으면서 미각도 잃어 대부분의 과일 맛이 이상해 먹을 수 없었지만, 간혹 제 맛이 나는 과일도 있었습니다. 그중 하나가 복숭아였습니다. 그런데 감사하게도 그해 여름에는 과일장수가 복숭아를 차에 싣고 와서 집 앞에서 팔곤 했습니다. 그 후로 과일장수는 다시 오지 않았습니다.

항암주사를 계속 맞으려면 붉은 색이 도는 쇠고기를 먹어야 했습니다. 그런데 제일 먹기 힘든 음식이 바로 쇠고기였습니다. 그래서 평소에는 쇠고기를 먹지 않다가 주사를 맞을 때가 다가오면 식당에 가서 억지로 사먹곤 했습니다. 이런 사정을 아는 교우들이 나를 불러 식당에 데려가 쇠고기를 사주시곤 했습니다. 또 지인들이 치료에 도움이 되는 음식을 보내주기도 했습니다. 그분들의 관심과 사랑 덕분에 나는 치료를 잘 받을 수 있었습니다. 그리고 무엇보다 교우들의 기도가 큰 힘이 되었습니다.

이렇게 방사선 치료와 항암치료를 받는 동안 내게는 한 가지 습관이 생겼습니다. 그것은 성경을 암송하는 것이었습니다. 나는 늘 세 개의 시편을 암송했는데, 1편과 23편 그리고 121편이었습니다. 나는 이 세 개의 시편을 '시편 삼총사'라고 부릅니다. 치료받는 동안 줄곧 이 세 편의 시를 암송했고, 지금까지도 암송하고 있습니다.

암 진단을 받은 사람이라면 누구나 죽음의 두려움을 느낍니다. 아무리 외면하려 해도 죽음을 생각하지 않을 수 없는 이들이 암 환자입니다. 그래서 암 환자들 중에는 죽음의 두려움에 압도되어 지내는 사람도 있고, 그 두려움에서 벗어나기 위해 가능한 방법은 무엇이든 다 시도해 보려는 사람이 있습니다.

나 역시 죽음을 생각하지 않을 수 없었습니다. 그러나 그럴 때면 시편을 외웠습니다. 방사선 치료를 받으러 가서 대기실에서 기다릴 때, 한쪽 구석에 앉아 시편 세 개를 차례로 외웠습니다. 또 병원 침대에 누워 항암주사를 맞을 때도 나는 그 시편을 외웠습니다. 항암주사를 맞고 두 주 정도 지나 외출할 수 있을 때면, 나는 아내와 함께 동네를 걷거나 높지 않은 산을 오르면서 또 시편을 암송했습니다. 길을 걸을 때나 버스를 타고 갈 때도 그 시편을 암송했습니다.

시편을 암송하다 보면 전에 몰랐던 부분이 새롭게 이해되기도 하고, 잘못 알았던 부분이 바르게 이해되기도 했으며, 희미했던 부분이

명확해지기도 했습니다. 그런데 중요한 것은, 이 과정 중에 내가 하나님의 선하심과 능력을 묵상하고 의지하게 되었다는 것입니다. 하나님은 반복되는 성경암송을 통해 내 믿음을 강화시켜 주셨습니다. 그래서 치료받는 내내 나는 두려움과 염려에서 벗어나 평안을 누릴 수 있었습니다. 치료를 마치고 교회사역에 복귀했을 때, 나는 첫 설교로 시편 1편을 강해했습니다.

돌이켜 볼 때마다, 힘들고 외로운 치료과정 중에 내 마음을 시편 말씀에 고정할 수 있게 해주신 하나님께 감사합니다. 그래서 나는 이 책을 읽는 분들의 마음도 하나님께서 그렇게 해주시기를 기도합니다. 하나님의 말씀은 사람의 말과 다릅니다. 사람이 건네는 아무리 훌륭한 위로의 말도 하나님이 말씀을 통해 주시는 위로와는 비교할 수 없습니다. 예수님은 말씀하셨습니다. "평안을 너희에게 끼치노니 곧 나의 평안을 너희에게 주노라 내가 너희에게 주는 것은 세상이 주는 것과 같지 아니하니라 너희는 마음에 근심하지도 말고 두려워하지도 말라"(요 14:27).

사도 바울은 우리가 어떻게 하나님의 평강을 맛볼 수 있는지 말했습니다. "아무것도 염려하지 말고 다만 모든 일에 기도와 간구로, 너희 구할 것을 감사함으로 하나님께 아뢰라 그리하면 모든 지각에 뛰어난 하나님의 평강이 그리스도 예수 안에서 너희 마음과 생각을 지키시리라"(빌 4:6-7). 우리가 하나님의 평강을 맛보는 길은 염려를 기도로 바꾸는 것입니다. 여기서 핵심은 "감사함으로"입니다. 이것은 기도응답에서 나오는 감사가 아닙니다. 어떤 상황에 있든지 하나님께서 돌보신다는 믿음에서 나오는 감사입니다. 그래서 사도 베드로는 이렇게 말했습니다. "너희 염려를 다 주께 맡기라 이는 그가 너희를 돌보심이라"(벧전 5:7). 이런 믿음은 하나님의 말씀을 통해 주어집니다.

나는 암 투병 중에 있는, 또는 다른 환난 중에 있는 분들에게 이 세 편의 시를 읽고 외우고 묵상하라고 권하고 싶습니다. 그러면서 하나님의 선하심과 능력을 끊임없이 확인하라고 말씀드리고 싶습니다. 그럴 때 하나님께서 주시는 위로와 평안을 만날 것입니다.

암 투병 중에 시편 암송이 준 평안

1부

시편 1편

01
누가 복 있는 사람일까

그 마음이 여호와의 율법을 즐거워하는 자는
복 있는 사람입니다. 비록 암 환자일지라도…

"복 있는 사람은 악인들의 꾀를 따르지 아니하며 죄인들의 길에 서지 아니하며
오만한 자들의 자리에 앉지 아니하고 오직 여호와의 율법을 즐거워하여
그의 율법을 주야로 묵상하는도다"
_ 시 1:1-2

　암 환자는 복 있는 사람과 거리가 먼 것 같습니다. 암 투병은 고통스
러운 과정이며 언제나 두려움이 따르기 때문입니다. 그런데 시편 1편
은 이러한 생각에 근본적인 질문을 던지게 합니다. '누가 복 있는 사람
일까?' '암 환자도 복 있는 사람일까?' 여기에 시편 1편은 두 단계로 답
을 줍니다. 먼저는 부정적으로, 그 다음에는 긍정적으로.

부정적 묘사 ‥‥‥‥

본문은 복 있는 사람을 부정적으로 묘사합니다. "악인들의 꾀를 따르지 아니하며 죄인들의 길에 서지 아니하며 오만한 자들의 자리에 앉지 아니하고"(1절).

여기 나오는 세 가지 묘사는 점층법을 사용합니다. 우선 '따르다'(걷다) '서다' '앉다'라는 말이 그렇습니다. 이것은 한 번 행한 것이 점점 습관이 되어 마침내 고착화 되는 것을 표현합니다. 또 '꾀' '길' '자리'라는 단어도 그렇습니다. '길'은 '꾀'에 비해 습관화 된 생활방식을 표현하고, '자리'는 '길'에 비해 굳어버린 상태를 나타냅니다.

결국 이러한 점층법을 통해 보여주려는 것은, 사람은 처음부터 공공연하게 악에 깊이 빠지지 않는다는 것입니다. 처음에는 조금만 그러다가 점점 더 발전해 마침내 심각한 상태에 이르고 마는 것입니다. 이것이 죄의 속성이고 타락한 인간의 성향입니다. 사단은 누구보다도 이 사실을 잘 알기에 아주 교활하게 우리를 속입니다.

베드로가 예수님을 부인할 때도 그랬습니다. 베드로는 처음부터 예수님을 저주하며 모른다고 맹세하지 않았습니다. 처음에는 적당히 얼버무리며 빠져나가려고 하다가, 나중에 예수님을 저주하며 부인하는 데까지 이른 것입니다. 마태복음 26장을 보면, 베드로가 예수님을 부인하는 과정이 나옵니다.

한 여종 너도 갈릴리 사람 예수와 함께 있었도다(69절)

베드로 나는 네가 무슨 말을 하는지 알지 못하겠노라(70절, "부인하여")

다른 여종 이 사람은 나사렛 예수와 함께 있었도다(71절)

베드로 나는 그 사람을 알지 못하노라(72절, "맹세하고 또 부인하여")

곁에 섰던 사람들 너도 진실로 그 도당이라 네 말소리가 너를 표명한다
(73절)

베드로 나는 그 사람을 알지 못하노라(74절, "저주하며 맹세하여")

처음 한 번 부인한 것이 점점 더 발전해, 마침내 저주하며 맹세하기
에 이른 것을 주목하십시오. 이처럼 악에 빠지기 시작하면, 그것은 점
점 더 발전해 심각한 상태에 이르고 맙니다. 그러므로 복 있는 사람은
처음부터 악을 멀리합니다. 작은 유혹도 조심합니다. 그리고 철저하게
죄의 유혹을 경계합니다. 그래서 바울은 "악은 어떤 모양이라도 버리
라"(살전 5:22)고 말합니다.

그러면 복 있는 사람을 이렇게 부정적으로 묘사한 이유는 무엇일까
요? 그것은 우리가 타락한 세상에 살기 때문이고, 우리 자신도 사단의
시험과 죄의 유혹에 넘어가기 쉬운 죄인이기 때문입니다. 우리는 본문

이 말하는 악인들, 죄인들, 오만한 자들 가운데서 살아갑니다. 따라서 그런 사람들에게 영향 받지 않으려면, 그들에게서 오는 위험에 대한 경고가 필요합니다. 그래서 시편 1편은 복 있는 사람을 먼저 부정적으로 묘사한 것입니다.

> 복 있는 사람은 악인들의 꾀를 따르지 아니하며 죄인들의 길에 서지 아니하며 오만한 자들의 자리에 앉지 아니하고

사람은 행복을 원하면서도 악을 멀리하지 않습니다. 오히려 악을 행하면서 그것이 자신의 욕망을 채워준다며 행복하다고 착각합니다. 타락한 인간은 자신이 죄인임을 망각하고 살기 쉽습니다. 그래서 성경은 긍정적인 권면만을 주지 않습니다. 긍정적인 권면을 주기 전에 먼저 부정적인 권면을 주는 것이 성경의 방식입니다(엡 4:22-25상, 28-29, 31-32; 딤전 6:17-18; 딤후 2:22; 딛 2:12; 히 10:25; 12:1; 약 1:21; 벧전 2:1-2; 3:3-4, 10-11; 요삼 1:11상).

우리는 성경이 주는 부정적인 권면도 달게 받아야 합니다. 그래야 악을 멀리 할 수 있습니다. 그것이 복 있는 사람의 모습입니다. 악인들의 꾀를 따르면서도, 죄인들의 길에 서 있으면서도, 오만한 자들의 자리에 앉아 있으면서도 행복할 거라고 착각하지 마십시오. 뇌물을 받으

내가 사망의 음침한 골짜기로 다닐지라도

면서도, 바람을 피우면서도, 술 취하고 방탕하면서도, 세상 재미에 탐닉하면서도, 남을 속이면서도, 남을 미워하고 시기하고 비방하고 당을 지으면서도, 하나님을 두려워하지 않으면서도 행복할 거라고 착각하지 마십시오.

비록 건강하더라도 악인들의 꾀를 따른다면, 그 사람은 복 있는 사람이 아닙니다. 그러나 비록 암 환자일지라도 악인들의 꾀를 따르지 않는다면, 그 사람은 복 있는 사람입니다.

긍정적 묘사 ·······

그다음에 성경은 복 있는 사람을 긍정적으로 묘사합니다. "오직 여호와의 율법을 즐거워하여 그의 율법을 주야로 묵상하는도다"(2절).

여기서 "여호와의 율법"이 가리키는 것은 비단 모세오경(창세기, 출애굽기, 레위기, 민수기, 신명기)만이 아닙니다. 시편 같은 소위 지혜서에서는 더 넓은 의미로 '하나님의 교훈'을 가리킵니다. 시편 1편이 시편 전체의 서론 역할을 한다는 점에서 "여호와의 율법"은 시편 전체를 염두에 둔 것일 수 있습니다. 우리는 "여호와의 율법"이 성경 전체를 가리키는 것으로 확대해서 이해해도 좋을 것입니다.

그렇다면 복 있는 사람에 대한 긍정적인 묘사를 통해 우리는 무엇을 알 수 있을까요? 첫째, 복 있는 사람은 그 마음이 다르다는 사실입니다. 여기 사용된 '즐거워하다'와 '묵상하다'라는 단어는 마음을 묘사한 것입니다. 묵상은 마음에서 일어나는 활동입니다(시 19:14; 39:3; 49:3).

복 있는 사람이 되는 것은 무엇을 하고 안 하고의 문제가 아닙니다. 이것은 행동이 아니라 마음의 문제입니다. 복 있는 사람은 마음이 다릅니다. 복 있는 사람은 여호와의 율법을 주야로 묵상합니다. 이것은 언제나 성경을 펴서 읽거나 공부한다는 뜻이 아닙니다. 오히려 이 말은 언제나 성경에 관심을 기울이고, 성경을 배우고 싶어하고, 또 성경대로 살고 싶어하는 마음의 자세를 말하는 것입니다. 비록 암 환자일지라도 여호와의 율법을 즐거워하여 그의 율법을 주야로 묵상한다면, 그 사람은 복 있는 사람입니다. 그래서 암에 대해서보다 하나님에 대해 더 생각한다면, 그는 복 있는 사람이 틀림없습니다.

복 있는 사람이 이렇게 하는 까닭은 여호와의 율법을 즐거워하기 때문입니다. 여호와의 율법이 즐거워서 그 율법을 주야로 묵상하는 것입니다. 여기에는 억지로 마지못해 한다는 생각이 들어 있지 않습니다. 그러니까 이것이 바로 복 있는 사람인 것입니다. 복 있는 사람은 마음의 자세가 다릅니다. 시편 119편에는 이런 사람의 모습이 반복해서 나타납니다.

내가 사망의 음침한 골짜기로 다닐지라도

내가 모든 재물을 즐거워함 같이 주의 증거들의 도를 즐거워하였나이다 내가 주의 법도들을 작은 소리로 읊조리며[묵상하며] 주의 길들에 주의하며 주의 율례들을 즐거워하며 주의 말씀을 잊지 아니하리이다 _ 14-16절

고관들도 앉아서 나를 비방하였사오나 주의 종은 주의 율례들을 작은 소리로 읊조렸나이다[묵상하였나이다] 주의 증거들은 나의 즐거움이요 나의 충고자니이다 _ 23-24절

내가 사랑하는 주의 계명들을 스스로 즐거워하며 또 내가 사랑하는 주의 계명들을 향하여 내 손을 들고 주의 율례들을 작은 소리로 읊조리리이다[묵상하리이다] _ 47-48절

주의 긍휼히 여기심이 내게 임하사 내가 살게 하소서 주의 법은 나의 즐거움이니이다 교만한 자들이 거짓으로 나를 엎드러뜨렸으니 그들이 수치를 당하게 하소서 나는 주의 법도들을 작은 소리로 읊조리리이다[묵상하리이다] _ 77-78절

이와 함께 시편 119편에는 여호와의 율법(계명, 법, 증거, 말씀)을 즐

거워한다는 고백이 일곱 번 더 나옵니다(35, 70, 92, 111, 143, 162, 174
절). 이 가운데 특히 92절과 143절 두 절은 고난과 환난 가운데 하나님
의 말씀을 즐거워한 사실을 말하고 있습니다.

주의 법이 나의 즐거움이 되지 아니하였더면 내가 내 고난 중에 멸망하
였으리이다 _ 92절

환난과 우환이 내게 미쳤으나 주의 계명은 나의 즐거움이니이다 _ 143절

시편 기자가 얼마나 하나님의 말씀을 즐거워했는지 아주 잘 보여줍
니다. 이것은 예레미야가 환난 가운데 있으면서도 하나님의 말씀을 즐
거워한 것과 같습니다(렘 15:15-18). 따라서 복 있는 사람은, 환난과 고
통 중에 있을지라도 하나님의 말씀에 대한 즐거움을 아는 사람입니다.
그래서 그 말씀을 주야로 묵상하는 사람입니다. 그렇다면 암에 걸려
고통 중에 있는 사람도 복 있는 사람일 수 있습니다. 복 있는 사람은 그
마음이 다른 사람이기 때문입니다.

둘째, 여호와의 율법에 대한 이런 즐거움이 없다면 먼저 부정적인
면을 정리해야 합니다. 성경은 복 있는 사람이 여호와의 율법을 즐거
워한다고 말하기 전에, 악인들의 꾀를 따르지 않고, 죄인들의 길에 서

지 않으며, 오만한 자들의 자리에 앉지 않는다고 말합니다.

따라서 만일 우리가 악인들의 꾀를 따르고, 죄인들의 길에 서고, 오만한 자들의 자리에 앉는다면, 여호와의 율법이 즐거울 턱이 없습니다. 우리는 이 즐거움을 맛보기 위해 먼저 그런 부정적인 면을 정리해야 합니다.

본문에서 "오직"이라는 말은 1절과 2절을 연결시켜 줍니다. 그럼으로써 "악인들의 꾀" "죄인들의 길" "오만한 자들의 자리"는 "여호와의 율법"과 대조를 이룹니다. 따라서 "악인들" "죄인들" "오만한 자들"은 여호와와 상관없는 모든 자를 말합니다.

그렇다면 복 있는 사람은 하나님을 믿지 않는 세상 사람들의 인생관, 가치관, 사고방식 등을 따라가지 않고, 여호와의 율법에 제시된 하나님의 뜻을 따라 살아가는 사람입니다. 하나님의 말씀에 대한 즐거움을 맛보려면, 먼저 세상 사람을 따라가는 삶을 정리해야 합니다. "너희는 이 세대를 본받지 말고 오직 마음을 새롭게 함으로 변화를 받아 하나님의 선하시고 기뻐하시고 온전하신 뜻이 무엇인지 분별하도록 하라"(롬 12:2).

세상적인 눈으로 보면 암 환자는 절대 복 있는 사람일 수 없습니다. 그러나 믿음의 눈으로 보면 암 환자도 복 있는 사람일 수 있습니다. 암 투병 중에도 "여호와의 율법을 즐거워하여 그의 율법을 주야로 묵상하

는" 일이 얼마든지 가능하기 때문입니다. 하나님은 오히려 암을 통해
우리가 악인들의 꾀를 따르지 않고 하나님의 율법을 주야로 묵상하게
만드십니다.

암 투병 중에 드리는 기도

하나님 아버지,
지금까지 세상이 말하는 복을 추구해 온 저를 용서해 주소서.
이제부터 성경이 말하는 복 있는 사람이 되기 원합니다.

무엇보다 먼저 내가 타락한 세상 가운데 살고 있음과
나 또한 죄로 인해 부패한 존재임을 잊지 않게 하소서.
그래서 악인들의 꾀를 따르고, 죄인들의 길에 서며,
오만한 자들의 자리에 앉는 일이 없도록 지켜주소서.

또 하나님의 말씀을 즐거워하는 마음을 주소서.
특히 성도들은 고난 중에도 하나님의 말씀을 즐거워하였사오니,
그들을 본받아 암 투병 중에도 하나님의 말씀을 즐거워하여
그 말씀을 주야로 묵상하게 하소서.
암 때문에 두 눈이 가려 주님을 못 보는 일 없게 하시고,
오히려 투병 중에 복 있는 사람이 되게 하소서.

예수님의 이름으로 기도합니다. 아멘.

02
복 있는 사람의 형통

암 투병 중에도
복 있는 사람은 형통합니다

"그는 시냇가에 심은 나무가 철을 따라 열매를 맺으며
그 잎사귀가 마르지 아니함 같으니 그가 하는 모든 일이 다 형통하리로다"
_시 1:3

　암에 걸린 것을 알게 되었을 때 제일 먼저 드는 느낌은 두려움입니다. 내가 혹시 죽는 것은 아닐까 하는 생각을 피할 수 없습니다. 그렇지만 내 생각과 느낌이 그럴 만한 근거가 있는 것은 아닙니다. 여기서 믿음은 내 생각과 느낌을 다른 방향으로 이끌어 갈 수 있습니다. 믿음은 보이지 않는 하나님과 그분의 말씀에 근거하기 때문입니다. 시편 1편에서도 우리는 그러한 근거를 발견할 수 있습니다.

내가 사망의 음침한 골짜기로 다닐지라도

"복 있는 사람은 악인들의 꾀를 따르지 아니하며 죄인들의 길에 서지 아니하며 오만한 자들의 자리에 앉지 아니하고 오직 여호와의 율법을 즐거워하여 그의 율법을 주야로 묵상하는도다"(1-2절). 이 구절은 복 있는 사람이 누구인지 말해 줍니다.

그러면 이런 사람에게 복이 있는 이유는 무엇일까요? 바로 다음 절이 그 이유를 설명해 줍니다. "그는 시냇가에 심은 나무가 철을 따라 열매를 맺으며 그 잎사귀가 마르지 아니함 같으니 그가 하는 모든 일이 다 형통하리로다"(3절). 이것은 앞에서 묘사한 사람이 복 있는 이유에 대한 이중적인 설명입니다. 비유가 먼저 나오고 그다음 실제 설명이 이어집니다.

비유와 실제 ·······

"그는 시냇가에 심은 나무가 철을 따라 열매를 맺으며 그 잎사귀가 마르지 아니함 같으니"에서 비유부터 살펴보면, 여기 나무 한 그루가 있습니다. 그런데 이 나무는 "시냇가에 심은" 나무입니다. 그래서 이 나무는 철을 따라 열매를 맺으며 그 잎사귀가 마르지 않습니다. 따라서 이 나무는 더 이상 바랄 게 없습니다. 이 나무는 모든 것이 다 좋은 상태이기 때문입니다. 복 있는 사람은 마치 이런 나무와 같습니다.

그렇다면 이 비유가 말하는 것은 무엇일까요? 그것은 단순히 이 나무가 더할 나위 없이 좋은 상태라는 것이 아닙니다. 이 비유가 말하는 것은, 이 나무가 아주 좋은 상태인데 거기에는 이유가 있다는 것입니다. 이 나무가 철을 따라 열매를 맺으며 잎사귀가 마르지 않는 이유는 "시냇가에 심은" 나무이기 때문입니다. 이 나무는 시냇가에 있어서 더위든 가뭄이든 어떤 환경에서도 필요한 수액을 충분히 공급받을 수 있습니다.

이처럼 본문의 비유가 강조하는 것은 "시냇가에 심은" 것과 "철을 따라 열매를 맺으며 그 잎사귀가 마르지 아니"하는 것 사이의 인과관계입니다.

그러면 이번에는 실제 설명을 살펴볼까요? "모든 일이 다 형통하리로다"라는 표현이 복 있는 사람에게는 실패나 고난 없이 모든 일이 뜻대로 이루어져야 한다는 뜻일까요? 과연 그럴까요?

우리가 가지고 있는 성경 번역은 오해를 불러일으키기에 충분합니다. 그러나 히브리어 성경의 원래 의미는 그렇지 않습니다. "형통하리로다"(히브리어 '찰라흐')는 히필형 동사입니다. 히브리어에서 이 형태의 동사는 원인을 표시할 때 사용됩니다(영어의 사역동사 같은 의미를 전달합니다). 따라서 본문에서 "형통하리로다"라는 말은 '형통하게 하리로다'

로 번역해야 합니다. '그가 하는 모든 일'이 형통하는 게 아니라 '형통하게 만드는 것'입니다.

그러면 그가 하는 모든 일이 무엇을 형통하게 할까요? 그것은 바로 그 사람 자신입니다. 다시 말하면, 형통하는 것은 그 사람 자신이지 그가 하는 모든 일이 아닙니다. 복 있는 사람은 그 행사가 다 형통하는 게 아니라 '그가 형통하는 것'입니다. 그래서 ESV 영어성경에도 "In all that he does, he prospers."라고 번역되어 있습니다. 이처럼 복 있는 사람은 '그 행사가 다 형통하게 하는' 또는 '그가 하는 모든 일이 다 형통하게 하는' 사람입니다.

복 있는 사람의 형통 ·······

이 번역은 우리에게 중요한 사실을 말해 줍니다. 복 있는 사람이 하는 모든 일은 왜 그 자신을 형통하게 할까요? 바로 그의 마음 때문입니다. 그의 마음은 "여호와의 율법을 즐거워하여 그의 율법을 주야로 묵상하는" 마음입니다. 그가 하는 모든 일은 이런 마음에서 나온 것이기에, 그가 하는 모든 일이 그 사람을 형통하게 하는 것입니다.

여기서 강조되는 것은 "여호와의 율법을 즐거워하여 그의 율법을 주야로 묵상하는" 마음에서 모든 일을 하는 것과 형통하는 것 사이에 존재하는 인과관계입니다. 이것은 앞서 나무의 비유에서 강조된 "시냇 가에 심은" 것과 "철을 따라 열매를 맺으며 그 잎사귀가 마르지 아니" 하는 것 사이에 존재하는 인과관계와 같습니다. 복 있는 사람의 형통은 형통의 원인이 자신 안에 있습니다. 그 원인은 "여호와의 율법을 즐거워하여 그의 율법을 주야로 묵상하는" 마음입니다. 비록 암에 걸렸을지라도 그 사람이 "여호와의 율법을 즐거워하여 그의 율법을 주야로 묵상하는" 복 있는 사람이라면, 암에 걸린 것도 그 사람을 형통하게 하는 것이 될 수 있습니다!

성경에는 이런 형통에 대한 예가 여럿 나옵니다(수 1:8; 대상 22:13; 대하 31:20-21; 느 1:9-11). 반대로, 여호와의 율법을 행하지 않을 때 주어지는 형통치 못함에 대해서도 말합니다(민 14:41; 신 28:15상, 29; 대하 24:20; 잠 28:13).

이처럼 성경이 말하는 복 있는 사람은 단순히 형통하는 사람이 아닙니다. 성경이 말하는 복 있는 사람은 "여호와의 율법을 즐거워하여 그의 율법을 주야로 묵상하는" 마음으로 모든 일을 하기 때문에 형통하는 사람입니다. 여기서 분명한 사실은 단지 형통하다는 것만으로 복 있는 것은 아니라는 것입니다. 성경 여러 곳에서 말하는 악인의 형통이 그 예가 됩니다(시 37:7; 렘 12:1; 단 8:12, 24).

악인은 여호와의 율법을 즐거워하지도 않고, 그 율법을 주야로 묵상하지도 않지만 형통할 수 있습니다. 그러나 성경은 그런 것을 가리켜 복 있다고 말하지 않습니다. 성경이 말하는 복 있는 사람은 "여호와의 율법을 즐거워하여 그의 율법을 주야로 묵상하는" 마음 때문에 형통하는 사람입니다. 중요한 것은 사람의 마음이고 성품이고 됨됨이입니다. 형통할 만한 마음을 지녔기에 형통하는 것입니다. 이런 사람이 성경이 말하는 복 있는 사람입니다.

두 가지 교훈 ·······

본문은, 첫째 복이 아니라 '복 있는 사람'에 대해 가르칩니다. 우리는 형통을 구할 것이 아니라 '형통할 만한 사람'이 되어야 합니다. 복을 구할 것이 아니라 '복 있는 사람'이 되어야 합니다. 그런 사람이 되려고 하지 않으면서 형통과 복을 구한다면, 그것은 성경이 말하는 복된 신앙이 아닙니다. 그것은 기복신앙일 뿐입니다. 우리의 목표는 복을 얻는 것이 아니라 '복 있는 사람이 되는 것'입니다. 그러기 위해 중요한 것은 우리가 "여호와의 율법을 즐거워하여 그의 율법을 주야로 묵상하는" 마음을 소유하는 것입니다.

둘째, 복 있는 사람은 실패와 고난에도 불구하고 형통한다는 사실을 가르칩니다. 앞에서 말한 대로, 복 있는 사람은 그 행사가 다 형통하게 하는('형통하는'이 아니라) 사람입니다. 다시 말하면, '그가 형통하는 것'입니다. 즉, 복 있는 사람은 실패와 고난이 있더라도 형통하다는 것입니다.

대표적인 예가 요셉입니다. 요셉은 형들에 의해 애굽으로 팔려가 보디발의 종이 되지만, 성경은 그때 요셉이 형통한 자가 되었다고 말합니다(창 39:1-3). 또 요셉은 보디발의 아내에 의해 누명을 쓰고 옥에 갇히지만, 성경은 그때도 요셉이 형통했다고 말합니다(창 39:20-23).

이처럼 요셉이 고난에도 불구하고 형통한 데는 이유가 있습니다. "이 집에는 나보다 큰 이가 없으며 주인이 아무것도 내게 금하지 아니하였어도 금한 것은 당신뿐이니 당신은 그의 아내임이라 그런즉 내가 어찌 이 큰 악을 행하여 하나님께 죄를 지으리이까"(창 39:9). 그는 하나님을 경외함으로 악인들의 꾀를 따르지 않았던 것입니다.

다니엘도 좋은 예가 됩니다. 다니엘 6장에는 다니엘이 다른 총리와 방백들의 음모로 사자굴에 던져지는 사건이 나옵니다. 그때 하나님은 천사를 보내 다니엘을 사자들의 입에서 건져주십니다. 그런데 그 사건 뒤에 맨 마지막으로 추가되어 있는 설명이 있습니다. "이 다니엘이 다리오 왕의 시대와 바사 사람 고레스 왕의 시대에 형통하였더라"(단 6:28).

성경은 다니엘이 무서운 고난을 겪었음에도 형통했다고 말합니다.

이처럼 다니엘이 고난 가운데서도 형통한 데는 이유가 있습니다. 다니엘을 죽이려는 사람들은 "이 다니엘은 그 하나님의 율법에서 근거를 찾지 못하면 그를 고발할 수 없으리라"(단 6:5)고 말했습니다. 그러고는 다리오 왕에게 하나님의 율법에 반하는 다른 율법을 세워 조서를 내리도록 요구했습니다. 그 내용은 "이제부터 삼십일 동안에 누구든지 왕 외의 어떤 신에게나 사람에게 무엇을 구하면 사자 굴에 던져 넣기로"(단 6:7하) 한 것입니다. 여기서 "하나님의 율법"과 "메대와 바사의 고치지 아니하는 규례"(단 6:8) 사이의 대조가 두드러집니다.

결국 다니엘은 마음에서부터 하나님의 율법을 지킵니다. "다니엘이 이 조서에 왕의 도장이 찍힌 것을 알고도 자기 집에 돌아가서는 윗방에 올라가 예루살렘으로 향한 창문을 열고 전에 하던 대로 하루 세 번씩 무릎을 꿇고 기도하며 그의 하나님께 감사하였더라"(단 6:10). 이런 마음을 가진 다니엘이었기에 무서운 고난 가운데서도 형통한 것입니다.

이처럼 복 있는 사람은 실패와 고난에도 불구하고 형통합니다. 그 사람에게 "여호와의 율법을 즐거워하여 그의 율법을 주야로 묵상하는" 마음이 있기 때문입니다. 시편 119편은 그런 사람의 심정을 잘 드러내 보여줍니다.

고난당하기 전에는 내가 그릇 행하였더니 이제는 주의 말씀을 지키나이다 _ 67절

고난당한 것이 내게 유익이라 이로 말미암아 내가 주의 율례들을 배우게 되었나이다 _ 71절

주의 법이 나의 즐거움이 되지 아니하였더면 내가 내 고난 중에 멸망하였으리이다 _ 92절

나의 고난이 매우 심하오니 여호와여 주의 말씀대로 나를 살아나게 하소서 _ 107절

나의 고난을 보시고 나를 건지소서 내가 주의 율법을 잊지 아니함이니이다 _ 153절

이런 사람은 당하는 고난조차도 그를 형통하게 만들 것입니다. '그가 하는 모든 일이 다 형통하게 하리로다.'

암도 분명 고난입니다. 그러나 암으로 인해 주 앞으로 더욱 나아갈 수 있다면, 주의 말씀을 더 가까이하고 주의 법을 즐거워할 수 있다면,

그것이 그 사람을 형통하게 할 것입니다. 그래서 그 사람은 암 투병 중에도 두려워하거나 낙심하지 않고, 오히려 그것을 통해 자신을 형통하게 하실 하나님을 믿을 수 있을 것입니다.

암 투병 중에 드리는 기도

하나님 아버지,
하나님의 뜻은 형통만을 바라는 것이 아니라,
형통할 만한 사람으로서 형통하는 것임을 기억하게 하소서.

내가 어떤 사람이 되어야 하는지 생각하지 않고
단지 복 받기만을 구하는 기복신앙에서 벗어나게 하시고,
내가 하는 모든 일이 나를 형통하게 만드는 복 있는 사람이 되게 하소서.

하나님은 실패와 고난을 통해서도 나를 형통하게 하실 수 있으며,
하나님은 암 투병을 통해서도 나를 형통하게 하실 수 있습니다.
실패와 고난 중에도, 암 투병 중에도, 하나님의 말씀을 즐거워하여
그 말씀을 주야로 묵상하는 마음을 주소서.
그래서 시련을 통해 오히려 복과 형통을 주시는 하나님을 알게 하소서.

예수님의 이름으로 기도합니다. 아멘.

03
악인들이 행복할 수 없는 이유

악인들의 사라질 형통을
부러워하여 불평하지 마십시오

"악인들은 그렇지 아니함이여 오직 바람에 나는 겨와 같도다
그러므로 악인들은 심판을 견디지 못하며 죄인들이
의인들의 모임에 들지 못하리로다"

_ 시 1:4-5

내가 암에 걸린 사실이 알려지자 여기저기서 전화가 걸려 왔습니다. 나를 위로하려는 고마운 분들의 전화였습니다. 그러나 치료가 시작되면서 나는 특별한 경우가 아니면 거의 모든 전화를 받지 않았습니다. 치료에 집중하려는 생각 때문이기도 했지만, 암에 대한 통념이 싫었기 때문입니다. 암에 걸린 것은 불행한 일이라는 통념 말입니다. 암

에 걸린 사람이 불행하다면, 암에 걸리지 않은 사람은 행복할까요? 물론 그렇지 않습니다. 오히려 암에 걸린 사람이 행복할 수 있고, 암에 걸리지 않은 사람이 불행할 수도 있습니다. 왜 그럴까요? 그 이유를 생각해 봅시다.

성경이 말하는 행복은 "여호와의 율법을 즐거워하여 그 율법을 주야로 묵상하는" 자세와 무관하지 않습니다. 그런데 오늘날 많은 사람이 그렇게 생각하지 않습니다. 데이비드 웰스(David F. Wells)는 말했습니다. "놀라운 사실은, 사람들이 지금은 행복을 본인의 도덕적 특성과 아무 상관이 없고 그 자체를 목표로 추구할 수 있다고 생각한다는 점이다." 그러나 성경은 이에 대해 아주 분명하게 말합니다. 자신에게 요구되는 도덕적 특성 없이 행복은 없다고 말입니다. 다시 말하면, "여호와의 율법을 즐거워하여 그 율법을 주야로 묵상하는" 자세 없이 진정한 행복은 없습니다.

악인들의 형통 ‧‧‧‧‧‧‧

악인들이 온갖 악을 저지르면서도 부귀영화를 누리며 무병장수하는 것을 보면, 마치 그들이 형통한 것처럼 보입니다. 반면, 말씀대로 순종하며 사는 그리스도인 중에는 힘들고 아픈 사람이 많습니다.

그렇다면 악인들의 형통을 어떻게 보아야 할까요? 악인들의 형통은 자신에게 도덕적 특성이 없이도 행복할 수 있음을 의미하는 것일까요? 성경은 이에 대해 말합니다. "악인들은 그렇지 아니함이여 오직 바람에 나는 겨와 같도다."

여기 "악인들"은 앞서 말한 "복 있는 사람"과 다릅니다. 이 사실은 1절에서 "복 있는 사람은 악인들의 꾀를 따르지 아니하며"라고 말할 때 이미 드러났습니다. 그러면 악인들은 복 있는 사람이 아니라는 말이 됩니다. 악인들도 형통할 수 있지만, 성경은 그들을 복 있다고 말하지 않습니다. 따라서 우리가 내릴 수 있는 결론은, 악인들도 분명 형통할 수 있지만 결코 행복할 수는 없다는 것입니다. 왜 그럴까요? 왜 악인들은 행복할 수 없을까요?

"악인들은 그렇지 아니함이여"라고 할 때 '그렇지'라는 말이 가리키는 것은 "그가 하는 모든 일이 다 형통하리로다"(3절하)입니다. 따라서 악인들이 그렇지 않다는 말은, 악인들은 '그가 하는 모든 일이 다 형통하게 하지 않는다'는 뜻입니다.

악인들도 경우에 따라서는 형통할 수 있습니다. 그러나 그것은 '그가 하는 모든 일이 다 형통하게 하는' 형통은 아닙니다. 다시 말하면, 악인들의 형통은 형통의 원인이 자신에게 있는 것이 아니라는 뜻입니다. 이 점은 복 있는 사람의 형통이 자신에게 원인이 있는 것과 다릅니다. 그렇다면 악인들의 형통은 복 있는 사람의 형통과 같지 않음이 분명합니다.

그러면 그 차이는 무엇일까요? 여기서 악인들에 대한 비유를 살펴볼 필요가 있습니다. "오직 바람에 나는 겨와 같도다" 바로 이 비유입니다.

악인들은 "바람에 나는 겨"로 비유됩니다. 이것은 앞서 복 있는 사람이 "시냇가에 심은 나무"로 비유된 것과 비교됩니다. 이 두 비유 사이에는 두 가지 상반되는 요소가 있습니다. 하나는 "나무"와 "겨"(쭉정이)의 비교입니다. 이것은 생명이 있고 없고의 차이를 보여줍니다. 특히 여기서 나무는 "철을 따라 열매를 맺으며 그 잎사귀가 마르지 아니"하는 나무입니다. 이런 점에서 나무는 생명이 가장 풍성하게 드러난 경우입니다. 반면, 겨는 생명이 없되 가장 보잘것없는 경우입니다. 결국 나무는 쓸모가 있지만, 겨는 아무 쓸모도 없고 헛될 뿐입니다.

다른 하나는 "시냇가에 심은"과 "바람에 나는"의 비교입니다. 이것은 한곳에 정착한 것과 정처 없이 떠도는 것의 차이를 보여줍니다. 시냇가에 심은 것이 지속적이고 안정된 상태를 나타낸다면, 바람에 나는 것은 일시적이고 불안정한 상태를 나타냅니다.

이처럼 "바람에 나는 겨"의 비유는 악인들이 복 있는 사람과 달리 불안정하여 헛되고 쓸모가 없음을 보여줍니다. 이러한 사실은 구약성경에서 동일한 표현을 사용한 예에서도 드러납니다(시 35:5; 사 17:13; 29:5; 단 2:35; 호 13:3).

악인들의 형통이 복 있는 사람의 형통과 다른 점이 여기 있습니다. 복 있는 사람의 형통은 그 원인이 자신에게 있습니다. 그런 만큼 그의 형통은 안정적이고 지속적입니다. 심지어 실패와 고난을 겪는다 해도 요셉이나 다니엘처럼 형통할 수 있습니다. 그에 비해 악인들의 형통은 그 원인이 자신에게 있지 않습니다. 그런 만큼 그들의 형통은 불안정하고 헛됩니다(렘 12:1-3, 7-8, 12-13; 17:5-8; 시 37:1-2, 7-10, 35-36; 욥 21:7-18).

이런 말씀도 있습니다. "세상에서 행해지는 헛된 일이 있나니 곧 악인들의 행위에 따라 벌을 받는 의인들도 있고 의인들의 행위에 따라 상을 받는 악인들도 있다는 것이라 내가 이르노니 이것도 헛되도다"(전 8:14). 이처럼 이 세상만을 놓고 보면 인생은 불공평할 수 있습니다. 그러나 영원까지 생각한다면 그렇지 않습니다. 그래서 본문 5절에 이런 말씀이 추가됩니다. "그러므로 악인이 심판을 견디지 못하며 죄인들이 의인들의 모임에 들지 못하리로다."

악인들의 심판 ·······

여기서 시편 기자는 역사의 마지막에 악인들의 운명이 어떻게 될지 생각합니다. 악인들은 하나님께 심판받을 것입니다. 그들은 구원받을 수 없습니다. 그들은 결국 지옥에 떨어지고 말 것입니다. 시편 73편 1-20절에서 시편 기자가 깨달은 것은 이것입니다. 악인들이 세상에서 다 잘되는 것 같지만, 하나님이 심판하실 때 그 모든 것은 다 없어지고 말 거라는 사실입니다.

우리가 악인들의 형통을 부러워할 필요가 없는 이유는, 언젠가 그들의 형통은 다 없어질 것이기 때문입니다(말 4:1-3). 그것은 이 세상에서 없어질 수도 있고, 그렇지 않더라도 마지막 심판 때 없어지고 말 것입니다.

그러나 우리가 "여호와의 율법을 즐거워하여 그 율법을 주야로 묵상하는" 자세로 살아가는 것은 결코 헛되지 않을 것입니다. 하나님이 우리를 형통하게 하실 것이기 때문입니다. 심지어 우리가 실패하고 고난당한다 해도 하나님은 그렇게 하실 것입니다. 암이라는 질병도 예외일 수 없습니다. 우리는 이 사실을 믿고 살아가야 합니다.

다시 말하지만, 복 있는 사람의 형통은 그 원인이 자신에게 있습니다. 이런 점에서, 칼빈은 "행복이란 선한 양심의 내적 축복"이라고 말합

내가 사망의 음침한 골짜기로 다닐지라도

니다. 악인들의 형통은 '선한 양심의 내적 축복'이 아니기에 불안정하고 궁극적으로 헛됩니다. 이것이 악인들이 형통할 수 있지만 결코 행복할 수 없는 이유입니다.

암 투병 중에 드리는 기도

하나님 아버지,
이 세상에서 종종 악인들이 형통하는 것을 봅니다.
그들은 부유하고 건강합니다.
그러나 그것을 부러워하거나 그것 때문에 불평하지 않게 하소서.

왜냐하면 악인들의 형통은 복 있는 사람의 형통과 다르기 때문입니다.
복 있는 사람의 형통은 그 원인이 자신에게 있어서 안정되고 지속적이지만,
악인들의 형통은 그 원인이 자신에게 있지 않기 때문에 불안정하고 헛될 뿐입니다.
그들의 형통은 이 세상에서 없어지거나 마지막 심판 때 없어질 것입니다.

악인들의 형통을 보면서,
그들의 부유와 건강, 성공과 번영을 보면서,
도덕적 특성과 상관없이 행복을 얻을 수 있다는 착각에 빠지지 않게 하소서.
악인들은 형통할 수 있어도 결코 행복할 수 없음을 잊지 않게 하소서.

예수님의 이름으로 기도합니다. 아멘.

04
의인들이 행복한 이유

하나님은 의인들의 길을 아시며 그들을 돌보십니다.
투병의 고통 가운데 있을 때에도…

"무릇 의인들의 길은 여호와께서 인정하시나
악인들의 길은 망하리로다"
_ 시 1:6

암 투병 과정을 되돌아볼 때 내게 드는 생각은 행복했다는 것입니다. 물론 힘들고 고통스러운 시간이 있었습니다. 그런데도 다른 때 느끼지 못한 평안과 기쁨이 있었던 것은 분명합니다. 치료 중에 아내가 이상하다는 듯 몇 번이나 했던 말이 기억납니다. "힘들 텐데도 잘 지내네." 나는 암 투병 중에 찾아 온 이 신기한 행복을 잊을 수 없습니다. 이 행복은 어디서 온 걸까요?

시편 1편 6절의 "무릇"(개역한글은 "대저")이라는 말은 '대체로 보아'라는 의미입니다. 이렇게 번역한 의도는 강한 긍정의 뜻을 전달하기 위한 것으로 보입니다. 왜냐하면 같은 단어가 그런 뜻으로 쓰인 경우가 종종 있기 때문입니다(시 37:9; 54:7). 그래서 새번역 성경에는 "그렇다. 의인의 길은 주님께서 인정하시지만, 악인의 길은 망할 것이다"로 번역되었습니다.

그렇지만 "무릇"으로 번역된 히브리어 단어에는 다른 의미도 있습니다. 그것은 원인을 나타내는 접속사로서 갖는 의미입니다. 이런 의미로 쓰일 때, 한글 성경에서는 따로 번역하지 않을 때가 많습니다. 이 경우 본문 6절은 5절에 대한 원인을 말한 것이 됩니다. 5절은 악인 또는 죄인의 궁극적인 운명에 대해 말합니다. "그러므로 악인들은 심판을 견디지 못하며 죄인들이 의인들의 모임에 들지 못하리로다." 이 말씀에 따르면, 심판 때 악인들 또는 죄인들은 의인들과 다른 운명에 처할 것입니다. 그렇다면 그 원인은 무엇일까요? 6절이 이에 대해 말해 줍니다. "(무릇) 의인들의 길은 여호와께서 인정하시나 악인들의 길은 망하리로다."

의인들과 악인들 ‧‧‧‧‧‧

여기서 우선 주목할 것은 "의인들"이라는 단어입니다. 이 단어는 5절에 처음 등장합니다(히브리어 문장에서는 5절 맨 끝에 옵니다). "그러므로 악인들은 심판을 견디지 못하며 죄인들이 의인들의 모임에 들지 못하리로다." 그런 다음 바로 이어서 6절은 "의인들의 길"을 "악인들의 길"과 대비시켜 설명합니다. "의인들의 길은 여호와께서 인정하시나 악인들의 길은 망하리로다." 이처럼 5-6절에는 의인들과 악인들의 대조가 나타납니다.

그러면 여기서 이러한 대조가 나타나는 이유는 무엇일까요? 왜 이런 대조가 앞에서는 나타나지 않다가 5-6절에서 나타나는 것일까요?

사실, 1-4절은 복 있는 사람에 대한 설명입니다. 히브리어 표현을 살려 1-2절을 번역하면 이렇습니다. '복되다. 악인들의 꾀를 좇지 아니하며 죄인들의 길에 서지 아니하며 오만한 자들의 자리에 앉지 아니하고 오직 여호와의 율법을 즐거워하여 그 율법을 주야로 묵상하는 사람은.' 이때 '사람'은 단수입니다. 그런데 1절과 4절의 "악인들"은 복수입니다. 따라서 1-4절에서는 복 있는 사람과 악인들을 대조시켜 말한 것이 아닙니다. 악인들은 복 있는 사람을 설명하는 과정에서 언급됐을 뿐입니다. 그렇지만 5-6절에서 "악인들"은 "의인들"과 대조를 이룹니다. 다시 말하면, 5-6절에서 사람은 "의인들"과 "악인들" 둘로 나뉩니다. 왜일까요?

그 이유는 5-6절이 하나님의 개입을 말하기 때문입니다. 여기서 인간의 삶에 개입하시는 하나님의 활동은 "여호와께서 인정하시나"라는 말로 표현됩니다. 또 6절은 5절에 대한 원인을 말한다는 점에서 하나님의 활동은 5절에도 미친다고 할 수 있습니다.

하나님 앞에서 사람은 "의인들"과 "악인들" 둘로 나뉩니다. 이 점은 우리에게 중요한 사실을 알려줍니다. 하나님 편에서 문제가 되는 것은 우리가 의인이냐 악인이냐 하는 것입니다. 하나님의 관심은 여기에 있습니다.

우리는 앞에서 성경이 말하는 복 있는 사람에 대해 살펴보았습니다. 복 있는 사람은 단순히 형통하는 사람이 아니라, 자신이 형통할 만한 사람이기 때문에 형통하는 사람입니다. 그때 자신이 형통할 만한 사람이라는 말은, 하나님 앞에서 그 사람의 마음, 성품, 됨됨이, 즉 그 사람의 '도덕적 특성'을 가리킵니다. 그래서 인간의 삶에 개입하시는 하나님의 활동을 말하면서 인간의 도덕적 특성을 따지는 것입니다. 그것이 5-6절에서 "의인들"과 "악인들"의 대조가 나타나는 이유이고, 사람을 "의인들"과 "악인들" 둘로 구분하는 이유입니다.

그러므로 우리가 추구해야 할 목표는 하나님 앞에서 우리의 마음,

성품, 됨됨이, 즉 우리의 '도덕적 특성'이지 행복이 아닙니다. 우리는 우리 자신의 도덕적 특성과 상관없이 행복 자체를 목표로 추구할 수 있다는 생각을 버려야 합니다. 오늘날 우리를 오염시킨 그릇된 축복관의 핵심에 이 문제가 도사리고 있습니다. 진정한 행복은 우리가 하나님 앞에서 우리의 마음, 성품, 됨됨이, 즉 우리의 '도덕적 특성'을 추구할 때 주어지는 것입니다.

예전에 미국판 로또 '파워볼'이 화제가 된 적이 있습니다. 총 당첨금이 2조 원까지 치솟았기 때문입니다. 그런데 한 당첨자 부부가 당첨금의 십일조 헌금을 약속했습니다. 그들은 미국 테네시 주의 먼포드에 사는 존 로빈슨과 부인 리사 로빈슨 부부입니다. 그들은 복권이 당첨된 후 한 방송에 출연해 교회에 십일조를 철저히 내고 있다며, 당첨금 일부를 지역 어린이 병원과 교회에 기부하겠다고 밝혔습니다. 그들이 받은 돈은 총 당첨금의 3분의 1인 5억 2,800만 달러였습니다(한화 약 6,500억 원).

자, 그러면 이것을 어떻게 봐야 할까요? 그 부부는 시편 1편이 말하는 복 있는 사람일까요? 아닙니다. 왜냐하면 그들에게는 하나님 앞에서 추구해야 할 도덕적 특성이 없기 때문입니다. 이와 관련해 존 파이퍼(John Piper)의 말을 기억할 필요가 있습니다. "도박은 일종의 유용이다. 청지기들은 주인의 돈으로 도박하지 않는다." "도박은 필연적으로 대부분의 사람이 잃게 되는 구조다. … 복권은 또 다른 형태의 도박일 뿐이다." 그러면서 당부했습니다. "만약 여러분이 복권에 당첨된다면 그 당첨금을 우리 사역에 기부하지 마십시오."

여호와께서 아신다 ·······

"(무릇) 의인들의 길은 여호와께서 인정하시나 악인들의 길은 망하리로다"에서 "의인들의 길"은 "악인들의 길"과 대조를 이룹니다. 이것은 단순히 의인들과 악인들의 대조가 아니라 그들의 삶의 방식의 대조입니다. "악인들의 길"은 악인들의 꾀를 좇는 것이고, 죄인들의 길에 서는 것이고, 오만한 자들의 자리에 앉는 것입니다. 반면, "의인들의 길"은 여호와의 율법을 즐거워하여 그 율법을 주야로 묵상하는 것입니다.

그런데 주목할 것은 성경이 이러한 대조를 표현하는 방식입니다. 성경은 의인들의 길과 악인들의 길을 단순 대조하는 방식으로 말하지 않습니다. 성경은 '의인들의 길은 여호와께서 인정하시나 악인들의 길은 여호와께서 인정하시지 않는다(또는 망하게 하신다)'고 말한 것이 아닙니다. 성경은 "(무릇) 의인들의 길은 여호와께서 인정하시나 악인들의 길은 망하리로다"라고 말합니다.

여기에는 주목할 만한 표현상의 차이가 있습니다. 먼저, "의인들의 길"을 말하는 전반부에서 주어는 "여호와"입니다. 이 부분을 다시 번역하면 '여호와께서 의인들의 길을 인정하시나'입니다. 그리고 이때 사용된 동사는 '인정하시나'입니다. 이것이 가리키는 시점은 현재입니다. 이처럼 "의인들의 길"에 대해 하나님은 현재 개입하고 계십니다.

그에 비해 "악인들의 길"을 말하는 후반부의 주어는 "악인들의 길"입니다. "악인들의 길은 망하리로다"에는 하나님에 대한 언급이 없습니다. 그리고 이때 사용된 동사는 "망하리로다"(미완료)입니다. 이것이 가리키는 시점은 미래입니다. 이처럼 "악인들의 길"에 대해서는 먼 미래의 결과만을 말할 뿐입니다.

이러한 표현의 차이에서 느낄 수 있는 것은, 의인들의 길은 하나님의 관심 가운데 있지만, 악인들의 길은 하나님의 관심에서 멀다(또는 하나님과 아무 상관이 없다)는 사실입니다. 의인들의 길에 대한 하나님의 관심은 "여호와께서 인정하시나"로 표현됩니다. 이때 '인정하신다'로 번역된 히브리어 단어는 '야다'(알다)입니다.

그러면 여호와께서 아신다는 말은 무슨 뜻일까요? 그것은 단지 하나님이 인식하셨다(사물을 분별하고 판단해서 아셨다)는 것만을 뜻하지 않습니다. 그것은 그보다 훨씬 많은 내용을 함축합니다.

예를 들면, 출애굽기 2장 23-25절에 이런 말씀이 나옵니다. "여러

해 후에 애굽 왕은 죽었고 이스라엘 자손은 고된 노동으로 말미암아 탄식하며 부르짖으니 그 고된 노동으로 말미암아 부르짖는 소리가 하나님께 상달된지라 하나님이 그들의 고통 소리를 들으시고 하나님이 아브라함과 이삭과 야곱에게 세운 그의 언약을 기억하사 하나님이 이스라엘 자손을 돌보셨고 하나님이 그들을 기억하셨더라" 이때 "기억하셨더라"(개역한글 성경에는 "권념하셨더라")라는 말은 '돌보아 생각하셨다'는 뜻입니다. 그런데 히브리어 성경에는 "하나님이 이스라엘 자손을 보셨고 하나님이 아셨다(야다)"고 기록되어 있습니다.

그러면 하나님이 아셨다는 것은 무슨 뜻일까요? 바로 뒤에 이어지는 내용을 보면 그 뜻을 알 수 있습니다. 바로 뒤에는 하나님께서 모세를 부르시는 장면이 나옵니다. 그때 하나님은 모세에게 말씀하십니다. "내가 애굽에 있는 내 백성의 고통을 분명히 보고 그들이 그들의 감독자로 말미암아 부르짖음을 듣고 그 근심을 알고(야다) 내가 내려가서 그들을 애굽인의 손에서 건져내고 그들을 그 땅에서 인도하여 아름답고 광대한 땅, 젖과 꿀이 흐르는 땅 곧 가나안 족속, 헷 족속, 아모리 족속, 브리스 족속, 히위 족속, 여부스 족속의 지방에 데려가려 하노라"(출 3:7-8). 여기 보면 하나님이 아셨다는 말 속에는 이스라엘 자손의 고통을 인식하셨을 뿐 아니라, 그들을 고통에서 건져내어 약속의 땅으로 인도하려 하셨다는 뜻이 포함된 것임을 알 수 있습니다. 하나님이 아신다는 말은 함축적인 표현인 것입니다.

또 시편 37편 18-19절에는 "여호와께서 온전한 자의 날을 아시나니(야다) 그들의 기업은 영원하리로다 그들은 환난 때에 부끄러움을 당하지 아니하며 기근의 날에도 풍족할 것이나"라는 말씀이 있습니다. 18절은 여호와께서 온전한 자의 날을 아신다 말하고, 그 결과로서 그들(온전한 자)의 기업은 영원할 것이라고 말합니다. 그런 다음, 여기에 대한 설명이 19절에 추가됩니다. "그들은 환난 때에 부끄러움을 당하지 아니하며 기근의 날에도 풍족할 것이나" 이때 "환난 때"와 "기근의 날"은 "온전한 자의 날"에 포함되는 것입니다. 따라서 "여호와께서 온전한 자의 날을 아시나니"라는 말 속에는, 여호와께서 온전한 자를 "환난 때"와 "기근의 날"에 돌보고 보호하신다는 뜻이 함축되어 있는 것입니다.

또 나훔 1장 7절은 말합니다. "여호와는 선하시며 환난 날에 산성이시라 그는 자기에게 피하는 자들을 아시느니라(야다)" 이 말씀은 나훔 1장 2절과 반대되는 진술입니다. "여호와는 질투하시며 보복하시는 하나님이시니라 여호와는 보복하시며 진노하시되 자기를 거스르는 자에게 여호와는 보복하시며 자기를 대적하는 자에게 진노를 품으시며." 여호와는 자기를 거스르는 자(들)에게 보복하시며 자기를 대적하는 자(들)에게 진노를 품으십니다. 반면, 여호와는 자기를 의뢰하는 자들에게 선하시며 환난 날에 산성이십니다. 따라서 여호와께서 자기를 의뢰하는 자들을 아신다는 말 속에는, 그들을 환난 날에 보호하신다는 뜻이 함축되어 있는 것입니다.

이처럼 여호와께서 아신다는 것은 단지 여호와께서 인식하신다는 것보다 더 많은 내용을 함축하고 있습니다. 거기에는 여호와께서 돌보시고 보호하시고 공급하시고 인도하시는 것이 포함됩니다.

그렇다면 본문의 '여호와께서 의인들의 길을 아신다'는 표현도 마찬가지입니다. 하나님은 의인들의 상황과 처지를 아시고, 그 가운데 돌보시고 보호하시고 공급하시고 인도하십니다. 이것이 의인들이 행복한 이유입니다. 이것이 의인들이 암 투병 중에라도 행복한 이유입니다.

힘들고 고달픈 중에도 여호와의 율법을 즐거워하고 그 율법을 주야로 묵상하십시오. 그러면 여호와께서 우리를 돌보시고 보호하시고 공급하시고 인도하신다는 확신을 가질 수 있습니다. 이것은 그 어떤 사람의 말보다 큰 위로가 됩니다.

암 투병 중에 드리는 기도

하나님 아버지,
하나님 앞에서는 의인들과 악인들이 있을 뿐입니다.
그러기에 우리가 추구해야 할 목표는
우리의 도덕적 특성이지 행복이 아닙니다.
언제나 이 사실을 잊지 않게 하소서.

또 하나님은 의인들의 길을 아십니다.
의인들은 하나님께서 그들의 상황과 처지를 아시고,
그 가운데 돌보시고 보호하시고 인도하시기 때문에 행복합니다.
그러기에 진정한 행복은 의인들에게 주어지는 하나님의 선물입니다.

그들은 비록 암 투병의 고통 가운데 있을지라도 행복할 수 있습니다.
그 고통의 과정 중에도 하나님의 돌보심이 그들에게 미치고 있기 때문입니다.
언제나 이 확신을 놓치지 않게 하소서.
그래서 이러한 행복을 체험을 통해 알게 하소서.

예수님의 이름으로 기도합니다. 아멘.

암투병 중에 시편 암송이 준 평안

2부

시편 23편

05
여호와는
나의 목자시니

나를 구속하신, 내 목자이신 여호와를
이때에도 신뢰합니다

"여호와는 나의 목자시니 내게 부족함이 없으리로다
그가 나를 푸른 풀밭에 누이시며 쉴 만한 물 가로 인도하시는도다"
_ 시 23:1-2

내 책상 앞에는 카드만한 크기로 "여호와는 나의 목자"라고 쓴 두꺼운 종이가 놓여 있습니다. 암 진단을 받고 난 후 누군가 준 걸로 기억합니다. 그분은 치료를 받는 내가 이 말씀을 늘 기억하기 바라는 마음이었을 것입니다. 실제로 나는 투병 중에 이 구절을 다른 어떤 구절보다 더 많이 기억한 것 같습니다. "여호와는 나의 목자시니 내게 부족함이 없으리로다." 두려움이 생길 때마다 나는 이 구절로 돌아가곤 했으니까요.

시편 23편은 성도들이 가장 많이 애송하는 시입니다. 이 시가 주는 특별한 위안 때문입니다. 인생의 가장 어려운 시기를 지나는 성도들은 종종 이 시를 통해 위안을 얻곤 합니다. 암 투병 중인 성도들에게도 이 시만큼 위안이 되는 것은 없습니다.

신뢰의 고백 ·······

이 시는 어떻게 우리에게 그러한 위안을 주는 것일까요? 이 시는 시편의 장르를 나눌 때 신뢰의 시로 분류됩니다. 그것은 하나님께 대한 신뢰가 이 시의 전반에 흐르기 때문입니다. 이러한 신뢰의 시는 시편에 적어도 아홉 개가 있습니다(11, 16, 23, 27, 62, 91, 121, 125, 131편). 그 가운데는 많은 분들이 좋아하는 시편 121편도 포함됩니다.

시편 23편에서 하나님께 대한 신뢰는 1절에서 "여호와는 나의 목자시니 내게 부족함이 없으리로다"라는 고백으로 표현됩니다. 그런 다음 이 고백의 의미는 나머지 2-6절에서 구체적으로 드러납니다. 다시 말하면, 1절의 고백은 이 시의 전체 내용을 집약한 것입니다.

주목할 것은 이 시의 처음과 마지막에 "여호와"라는 단어가 사용된 점입니다. "여호와는 나의 목자시니 … 내가 여호와의 집에 영원히 살리로다." 이것은 이 시 전체를 하나로 묶어주는 문학적 장치로서, 여호와께 대한 신뢰가 이 시 전체를 지배하고 있음을 나타냅니다.

그러므로 이 시를 이해하려면 이 신뢰의 고백을 살펴보는 것이 무엇보다 중요합니다. "여호와는 나의 목자시니 내게 부족함이 없으리로다." 이것은 다윗의 고백입니다. 다윗은 양을 치던 목자였습니다. 그러기에 누구보다도 목자가 어떤 존재인지 잘 압니다. 목자는 양의 필요를 채워주는 공급자요, 양의 안전을 지켜주는 보호자요, 양의 길을 이끌어주는 인도자입니다. 양에게 목자는 전부입니다. 양은 전적으로 목자에 의존해 살아갑니다. 따라서 양은 목자에 대한 신뢰 없이는 생존할 수 없습니다.

그렇다면 "여호와는 나의 목자시니 내게 부족함이 없으리로다"라는 고백은 목자이신 하나님을 향한 다윗의 신뢰를 보여줍니다. 다윗은 전적으로 하나님께 의존해 살아갔기 때문입니다. 이것은 다윗이 삶 속에서 체험을 통해 얻은 신뢰입니다. 성경에 나타난 다윗의 삶을 볼 때 분명한 것은, 하나님은 그의 필요를 채워주셨고, 그의 안전을 지켜주셨으며, 그의 길을 인도해 주셨다는 사실입니다.

야곱이나 요셉에게도 목자이신 하나님에 대한 체험이 있습니다(창 48:15-16; 49:24; 시 80:1). 하나님의 백성은 공통적으로 목자이신 하나님을 체험합니다. 그리고 이러한 체험으로 하나님께 신뢰를 고백하게 됩니다. 야곱과 요셉이 그랬고, 다윗이 그랬습니다. 우리도 마찬가지입니다. 우리는 삶 속에서 하나님의 공급하심과 보호하심과 인도하심을 체험하며 살아갑니다. 그래서 우리도 다윗처럼 고백하게 됩니다. "여호와는 나의 목자시니 내게 부족함이 없으리로다."

우리가 이러한 고백을 하게 되는 것은 어느 때보다 암으로 투병 중일 때일 것입니다. 왜냐하면 우리는 고난 중에 하나님의 공급하심과 보호하심과 인도하심을 더 많이 체험하기 때문입니다.

여호와는 나의 목자시니 ·······

그런데 이 고백에는 우리가 주의 깊게 살펴보아야 할 두 가지 중요한 사실이 있습니다. 하나는 "여호와는 나의 목자시니"라는 말에 함축된 매우 특별한 관계입니다. 이 말은 하나님과 하나님 백성의 관계가 목자와 양의 관계임을 나타냅니다. 이때 다윗은 '여호와는 목자시니'라고 말하지 않고, "여호와는 나의 목자시니"라고 말했습니다. 이것은 하나님과 자신의 개인적이고 친밀한 관계를 강조한 것입니다.

그러면 누가 하나님과 이런 개인적이고 친밀한 관계를 맺게 될까

요? 다시 말하면, "여호와는 나의 목자시니"라고 고백할 수 있는 사람
은 누구일까요?

구약성경은 종종 이스라엘 백성의 출애굽을 가리켜 목자이신 하나
님에 대한 체험으로 묘사합니다.

하나님이여 주의 도는 극히 거룩하시오니 하나님과 같이 위대하신 신
이 누구오니이까 주는 기이한 일을 행하신 하나님이시라 민족들 중에
주의 능력을 알리시고 주의 팔로 주의 백성 곧 야곱과 요셉의 자손을
속량하셨나이다 (셀라) 하나님이여 물들이 주를 보았나이다 물들이 주
를 보고 두려워하며 깊음도 진동하였고 구름이 물을 쏟고 궁창이 소리
를 내며 주의 화살도 날아갔나이다 회오리바람 중에 주의 우렛소리가
있으며 번개가 세계를 비추며 땅이 흔들리고 움직였나이다 주의 길이
바다에 있었고 주의 곧은 길이 큰 물에 있었으나 주의 발자취를 알 수
없었나이다 주의 백성을 양 떼 같이 모세와 아론의 손으로 인도하셨나
이다(시 77:13-20, 여기서 시인은 하나님이 이스라엘 백성을 애굽에서부터
구속하신 것을 목자이신 하나님의 행동으로 묘사합니다).

하나님이여 주께서 어찌하여 우리를 영원히 버리시나이까 어찌하여
주께서 기르시는 양을 향하여 진노의 연기를 뿜으시나이까 옛적부터

얻으시고 속량하사 주의 기업의 지파로 삼으신 주의 회중을 기억하시며 주께서 계시던 시온 산도 생각하소서(시 74:1-2, 여기서 "주께서 기르시는 양"은 출애굽과 관련된 "옛적부터 얻으시고 속량하사 주의 기업의 지파로 삼으신 주의 회중"과 연결됩니다).

애굽에서 모든 장자 곧 함의 장막에 있는 그들의 기력의 처음 것을 치셨으나 그가 자기 백성은 양 같이 인도하여 내시고 광야에서 양 떼 같이 지도하셨도다(시 78:51-52, 여기서도 이스라엘 백성의 출애굽이 목자이신 하나님의 행동으로 묘사됩니다).

백성이 옛적 모세의 때를 기억하여 이르되 백성과 (그의) 양떼의 목자를 바다에서 올라오게 하신 이가 이제 어디 계시냐 그들 가운데에 성령을 두신 이가 이제 어디 계시냐(사 63:11, 여기 보면 출애굽을 말하는 가운데 하나님의 백성인 이스라엘은 "그의 양떼"로 묘사됩니다).

이러한 사실은 나중에 하나님의 백성을 하나님의 양과 동일시하는 근거가 됩니다(시 79:13; 95:7; 100:3). 이처럼 이스라엘 백성과 하나님이 양과 목자의 관계를 맺는 것은 출애굽이라는 구속 사건이 있기 때문입니다. 출애굽 당시 여호와께서 애굽 사람을 치실 때, 어린 양을 잡아 그

내가 사망의 음침한 골짜기로 다닐지라도

피를 문설주와 인방에 바른 이스라엘 백성의 집은 넘어가셨습니다. 이렇게 하나님은 이스라엘 백성을 애굽에서 구속하시면서, 목자로서 그들을 인도하고 돌보기 시작하셨습니다.

이 점은 오늘날 우리도 마찬가지입니다. 하나님은 우리를 죄와 사망에서 구속하시면서, 목자로서 우리를 인도하고 돌보기 시작하십니다. 우리와 하나님이 양과 목자의 관계를 맺는 것은 예수 그리스도께서 십자가에서 피 흘려 죽으신 구속을 통해서입니다.

구약성경은 이 사실을 이미 예언했습니다. 그리스도는 하나님과 같이 목자로서 오실 것입니다.

그는 목자같이 양 떼를 먹이시며 어린 양을 그 팔로 모아 품에 안으시며 젖 먹이는 암컷들을 온순히 인도하시리로다 _ 사 40:11

내가 한 목자를 그들 위에 세워 먹이게 하리니 그는 내 종 다윗이라 그가 그들을 먹이고 그들의 목자가 될지라 _ 겔 34:23

만군의 여호와가 말하노라 칼아 깨어서 내 목자, 내 짝 된 자를 치라 목자를 치면 양이 흩어지려니와 작은 자들 위에는 내가 내 손을 드리우리라 _ 슥 13:7

그래서 예수님은 이 땅에 오셔서 선포하셨습니다. "나는 선한 목자라 선한 목자는 양들을 위하여 목숨을 버리거니와 … 나는 선한 목자라 나는 내 양을 알고 양도 나를 아는 것이 아버지께서 나를 아시고 내가 아버지를 아는 것 같으니 나는 양을 위하여 목숨을 버리노라"(요 10:11, 14-15). 여기서 두 번 강조된 것은, 예수님이 목자로서 양을 위해 목숨을 버리신다는 사실입니다. 그분은 우리의 죄를 위해 자기 목숨을 버림으로써 우리의 목자가 되셨습니다.

그래서 사도 바울은 에베소교회 장로들에게 말했습니다. "여러분은 자기를 위하여 또는 온 양 떼를 위하여 삼가라 성령이 그들 가운데 여러분을 감독자로 삼고 하나님이 자기 피로 사신 교회를 보살피게 하셨느니라"(행 20:28). 여기서 바울이 교회를 가리켜 "온 양 떼"로 말한 것은 그 교회를 '하나님이(즉, 그리스도께서) 자기 피로 사셨기 때문'입니다.

또 사도 베드로도 성도들에게 말했습니다. "친히 나무에 달려 그 몸으로 우리 죄를 담당하셨으니 이는 우리로 죄에 대하여 죽고 의에 대하여 살게 하려 하심이라 그가 채찍에 맞음으로 너희는 나음을 얻었나니 너희가 전에는 양과 같이 길을 잃었더니 이제는 너희 영혼의 목자와 감독 되신 이에게 돌아왔느니라"(벧전 2:24-25). 여기서 베드로가 예수 그리스도를 가리켜 "너희 영혼의 목자"라고 말한 것은 그가 "친히 나무에 달려 그 몸으로 우리 죄를 담당"하셨기 때문입니다.

또 사도 요한은 구속함을 얻은 십사만사천 명에 대해 "이 사람들은 여자와 더불어 더럽히지 아니하고 순결한 자라 어린 양이 어디로 인도하든지 따라가는 자며 사람 가운데에서 속량함(개역한글에는 '구속')을 받아 처음 익은 열매로 하나님과 어린 양에게 속한 자들이니"(계 14:4)라고 말했습니다. 여기서 "어린 양이 어디로 인도하든지 따라가는 자"와 "사람 가운데에서 속량함을 받아 처음 익은 열매로 하나님과 어린 양에게 속한 자들"은 같은 사람들입니다. "어린 양"이 목자인 것은 그를 통한 '구속' 때문입니다.

그렇다면 "여호와는 나의 목자시니"라고 고백할 수 있는 사람은 누구일까요? 예수 그리스도의 구속의 은혜를 받은 사람입니다. 누구든지 예수 그리스도의 구속의 은혜를 받으면 즉각적으로 알게 되는 사실이 있습니다. 바로 자신과 예수 그리스도의 관계가 양과 목자의 관계라는 것입니다. 목자는 양을 전적으로 책임집니다. 그래서 하나님은 투병 중에 있는 우리의 신음소리를 듣고 고통을 아시며 돌보십니다. 이 양과 목자의 관계는 이 땅에서 뿐 아니라 영원토록 지속될 것입니다. "이는 보좌 가운데에 계신 어린 양이 그들의 목자가 되사 생명수 샘으로 인도하시고 하나님께서 그들의 눈에서 모든 눈물을 씻어 주실 것임이라"(계 7:17).

당신은 예수 그리스도에 의한 구속의 은혜를 받았습니까? 이것은 치유보다 더 중요한 문제입니다. 당신은 예수 그리스도께서 당신의 죄를 위해 십자가에서 자기 몸을 버리신 사실을 믿습니까? 당신은 예수 그리스도께서 당신의 죄를 대신해 십자가에서 피 흘려 죽으실 만큼 죄인임을 인정합니까? 당신은 자신이 '목자 없는 양'같이 비참한 존재임을 알고 있습니까?(마 9:36; 겔 34:5-6).

비록 세상적으로는 모든 것을 누리고 있지만 '잃은 양'처럼 방황하고 있지는 않습니까? 그러나 목자이신 주님은 그 잃은 양을 아시고 그를 위하여 자기 목숨을 버리셨습니다. 일찍이 이사야 선지자는 그리스도에 대해 이렇게 말했습니다. "그는 실로 우리의 질고를 지고 우리의 슬픔을 당하였거늘 우리는 생각하기를 그는 징벌을 받아 하나님께 맞으며 고난을 당한다 하였노라 그가 찔림은 우리의 허물 때문이요 그가 상함은 우리의 죄악 때문이라 그가 징계를 받으므로 우리는 평화를 누리고 그가 채찍에 맞으므로 우리는 나음을 받았도다 우리는 다 양 같아서 그릇 행하여 각기 제 길로 갔거늘 여호와께서는 우리 모두의 죄악을 그에게 담당시키셨도다"(사 53:4-6). 이제 당신도 다윗처럼 "여호와는 나의 목자시니"라고 고백할 수 있습니까?

내게 부족함이 없으리로다 ·······

또 하나 살펴보아야 할 것은 "내게 부족함이 없으리로다"라는 말의 풍성한 의미입니다. 여기에는 무엇이 부족함이 없는지에 대한 설명이 빠져 있습니다. 대개 부족함이 없다는 말에는 목적어가 수반됩니다. 그래서 무엇이 부족함이 없는지를 밝힙니다. 그런데 '부족함이 없다'는 말에 목적어가 수반되지 않을 경우, 무엇에 부족함이 없는지는 문맥 속에서 드러납니다. 그래서 본문에서 무엇에 부족함이 없는지는 이어지는 2-6절의 설명을 통해 알 수 있습니다. 따라서 "내게 부족함이 없으리로다"라는 말의 의미는 그만큼 풍성합니다.

그 첫 번째 설명이 2절에 있습니다. "그가 나를 푸른 풀밭에 누이시며 쉴 만한 물 가로 인도하시는도다." 이것은 목자가 양의 필요를 공급해 주는 것을 말합니다. "푸른 풀밭"이나 "쉴 만한 물 가"는 양의 필요를 채우기에 충분한 환경을 묘사합니다. 양은 푸른 초장에서 마음껏 꼴을 먹고, 쉴 만한 물가에서 충분히 물을 마실 수 있습니다.

이것은 하나님이 성도의 필요를 채우시는 것에 대한 비유입니다. 일찍이 에스겔 선지자는 이렇게 예언했습니다. "내가 그것들을 만민 가운데에서 끌어내며 여러 백성 가운데에서 모아 그 본토로 데리고 가서 이스라엘 산 위에와 시냇가에와 그 땅 모든 거주지에서 먹이

되 좋은 꼴을 먹이고 그 우리를 이스라엘 높은 산에 두리니 그것들이 그 곳에 있는 좋은 우리에 누워 있으며 이스라엘 산에서 살진 꼴을 먹으리라 내가 친히 내 양의 목자가 되어 그것들을 누워 있게 할지라"(겔 34:13-15). 그런데 예수님이 오셔서 선포하셨습니다. "내가 문이니 누구든지 나로 말미암아 들어가면 구원을 받고 또는 들어가며 나오며 꼴을 얻으리라 도둑이 오는 것은 도둑질하고 죽이고 멸망시키려는 것뿐이요 내가 온 것은 양으로 생명을 얻게 하고 더 풍성히 얻게 하려는 것이라"(요 10:9-10).

목자이신 하나님(예수님)은 우리의 영적 필요뿐 아니라 나머지 필요도 채워주십니다. 사도 바울은 말했습니다. "나의 하나님이 그리스도 예수 안에서 영광 가운데 그 풍성한 대로 너희 모든 쓸 것을 채우시리라"(빌 4:19). "자기 아들을 아끼지 아니하시고 우리 모든 사람을 위하여 내주신 이가 어찌 그 아들과 함께 모든 것을 우리에게 주시지 아니하겠느냐"(롬 8:32).

하나님은 투병 중에 있는 성도의 아픔과 두려움을 아십니다. 그리고 채워주십니다. 우리가 바라는 건 치유지만, 하나님이 주시려는 것은 치유일 수도 있고 다른 것일 수도 있습니다. 우리는 병상에 있는 동안 하나님의 뜻을 헤아려보고, 주님의 뜻대로 이끌어주시기를 기도해야 합니다.

암 투병 중에 드리는 기도

하나님 아버지,
출애굽에서 하나님이 유월절 어린 양의 피를 통해
이스라엘 백성의 목자가 되셨듯이,
십자가에서 예수님이 유월절 양처럼 피 흘려 죽으심을 통해
우리의 목자가 되셨습니다.
그러기에 우리도 다윗처럼 "여호와는 나의 목자시니"라고
말할 수 있게 되었습니다.
이 크신 은혜에 감사합니다.

삶 속에서 이 고백에 담긴 하나님과의 친밀한 관계를 누리게 하시고,
암 투병 중에도 이 관계 속에서 베푸시는
하나님의 특별한 보호와 돌봄을 체험하게 하소서.

또 "내게 부족함이 없으리로다"라는 말의 풍성한 의미를 알게 하소서.
암 투병 중에 내 필요를 채우시는 하나님의 손길을 경험하기 원합니다.
그래서 이 말씀이 언제나 내 고백이 되게 하소서.
"여호와는 나의 목자시니 내게 부족함이 없으리로다."

예수님의 이름으로 기도합니다. 아멘.

06
자기 이름을 위하여
의의 길로
인도하시는도다

여호와는 나를 고통에서 건지시며,
의로운 삶으로 하나님께 영광이 되게 하십니다

"내 영혼을 소생시키시고 자기 이름을 위하여
의의 길로 인도하시는도다"

_ 시 23:3

암 진단을 받은 후 내게는 하나님의 말씀대로 살고 싶은 마음이 그
전보다 강해졌습니다. 그래서 치료 중에도 몸을 추스를 수만 있으면
매일 성경읽기표에 따라 성경 읽는 일에 집중했습니다. 돌이켜 보면,
고난은 하나님이 사용하시는 성화의 도구였음을 알게 됩니다. 하나님
이 없는 삶이라면 고난은 재앙일 뿐입니다. 그러나 하나님이 계신 삶
이라면 고난의 의미는 달라집니다. 하나님은 고난을 통해 거룩한 사람

으로 만드시기 때문에 고난이 오히려 축복이 됩니다. "여호와는 나의 목자시니 내게 부족함이 없으리로다."

고통의 문제 · · · · · · ·

이제 무엇에 부족함이 없는지 두 번째 설명을 살펴보겠습니다. "내 영혼을 소생시키시고 자기 이름을 위하여 의의 길로 인도하시는도다"(3절).

이 말씀을 이해하기 위해서는 먼저 시 형식에 주의를 기울여야 합니다. 다윗은 한 행을 두 마디씩 짝을 이루는 내용으로 이 시를 구성했습니다.

여호와는 나의 목자시니 / 내게 부족함이 없으리로다

그가 나를 푸른 풀밭에 누이시며 / 쉴 만한 물 가로 인도하시는도다

내 영혼을 소생시키시고 / 자기 이름을 위하여 의의 길로 인도하시는도다

내가 사망의 음침한 골짜기로 다닐지라도 해를 두려워하지 않을 것은

주께서 나와 함께 하심이라 / 주의 지팡이와 막대기가 나를 안위하시나

이다

주께서 내 원수의 목전에서 내게 상을 차려 주시고 / 기름을 내 머리에
부으셨으니 내 잔이 넘치나이다

내 평생에 선하심과 인자하심이 반드시 나를 따르리니 / 내가 여호와의
집에 영원히 살리로다

이 사실은 짝을 이루는 두 마디가 하나의 시상을 표현했음을 의미
합니다. 따라서 "내 영혼을 소생시키시고"와 "자기 이름을 위하여 의의
길로 인도하시는도다"는 각각 독립된 내용을 말하는 게 아닙니다. 그
둘은 하나의 내용을 두 단계로 말한 것입니다. 그 내용은 목자가 곤경
에 처한 양을 어떻게 돌보는지에 대한 것입니다. 목자는 곤경에 처한
양을 특별히 돌봅니다. 다윗이 그것을 "내 영혼을 소생시키시고 자기
이름을 위하여 의의 길로 인도하시는도다"로 표현한 것입니다. 이것은
하나님께서 곤경에 처한 성도를 특별히 돌보심을 나타냅니다.

칼빈은 이 구절을 앞에 있는 2절과 비교해 설명했습니다. "그는 바
로 앞에서, 하나님이 현재의 생활을 유지하는 데 필요한 모든 것을 너
그럽게 베풀어주셨음을 밝힌 바 있는데, 여기서는 하나님이 자신을 모
든 고통에서 보호하셨음을 덧붙이고 있다." 그는 이 구절을 성도가 겪
는 고통의 문제와 연결시켜 이해한 것입니다.

하나님은 평소에도 우리를 돌보십니다. 그러나 고통 중에 우리를 특별히 돌보십니다. 여기에 암 투병 중에 있는 우리에게 주시는 위로가 있습니다.

내 영혼을 소생시키시고 ·······

"내 영혼을 소생시키시고"를 성도가 겪는 고통의 문제와 연결하면, 하나님께서 성도를 고통에서 건지신다는 것을 의미합니다. 다윗은 영혼을 소생시킨다는 말을 이런 의미로 사용한 것입니다.

성경에서 영혼을 소생시킨다는 말이 이런 의미로 사용된 예를 살펴보면, 먼저 나오미의 경우가 있습니다. "찬송할지로다 여호와께서 오늘 네게 기업 무를 자가 없게 하지 아니하셨도다 이 아이의 이름이 이스라엘 중에 유명하게 되기를 원하노라 이는 네 생명의 회복자이며 네 노년의 봉양자라 곧 너를 사랑하며 일곱 아들보다 귀한 네 며느리가 낳은 자로다 하니라"(룻 4:14-15).

이것은 룻이 아들을 낳았을 때 여인들이 나오미에게 한 말입니다. 이때 "이는 네 생명의 회복자이며"(히브리어로 '네 영혼을 소생시키는 자'라는 표현)라는 말은, 하나님께서 룻이 낳은 아들을 통해 나오미를 고통에서 건지셨음을 의미합니다. 나오미가 모압에서 돌아왔을 때 베들레헴 사람들에게 이렇게 말했기 때문입니다. "나를 나오미(희락)라 부르지 말고 마라(괴로움)라 칭하라 이는 전능자가 나를 심히 괴롭게 하셨음이니라 내가 풍족하게 나갔더니 여호와께서 내게 비어 돌아오게 하셨느니라 여호와께서 나를 징벌하셨고 전능자가 나를 괴롭게 하셨거늘 너희가 어찌 나를 나오미라 부르느냐"(룻 1:20-21).

또 욥기를 보면 엘리후가 욥에게 말합니다. "하나님이 사람에게 이 모든 일을 재삼 행하심은 그 영혼을 구덩이에서 끌어 돌이키고 생명의 빛으로 그에게 비취려 하심이니라"(욥 33:29-30, 개역한글). 이때 "그 영혼을 구덩이에서 끌어 돌이키고(소생시키고)"는 하나님이 사람을 고통에서 건지심을 의미합니다. 여기서 "구덩이"는 사람이 겪는 고통을 가리킵니다(욥 33:19-22 참조).

또 시편 116편에서 시편 기자는 자신에게 말합니다. "내 영혼아 네 평안함으로 돌아갈지어다(소생할지어다) 여호와께서 너를 후대하심이로다"(시 116:7). 이것은 문맥을 살펴보면 하나님이 자신을 고통에서 건지셨기에 하는 말입니다.

이처럼 성경에는 하나님이 고통에서 건지신다는 의미로 영혼을 소생시킨다는 말을 사용한 예가 있습니다. 시편 23편의 경우도 여기 해당합니다. 따라서 다윗이 "내 영혼을 소생시키시고"라고 말한 것은, 하나님이 다윗을 고통에서 건지신다는 의미입니다. 다윗은 수없이 많은 고통을 겪었습니다. 그러면서 하나님이 고통에서 건져주시는 것을 경험하곤 했습니다. 그 대표적인 예가 사무엘상 30장 6절에 나옵니다. "백성들이 자녀들 때문에 마음이 슬퍼서 다윗을 돌로 치자 하니 다윗이 크게 다급하였으나 그의 하나님 여호와를 힘입고 용기를 얻었더라." 여기서 "다급하였으나"라는 말은 사실은 다급했다기보다 고통스러웠다는 뜻입니다. 다윗은 크게 고통스러운 상황에서 하나님이 자신을 건져주심을 경험한 것입니다.

이것은 다윗만의 경험이 아닙니다. 성도는 누구나 하나님이 자신을 고통에서 건져주시는 경험을 합니다. 애굽에서 고통스러워하던 이스라엘 백성이 그랬습니다(출 3:7-8; 신 26:6-8 참조). 한나도 자신을 고통에서 건지시는 하나님을 경험했습니다(삼상 1:10-11, 27). 특히 시편에는 성도들이 고통에서 건지신 하나님을 노래한 내용이 많습니다. 예를 들면, 시편 118편 5절이 그렇습니다. "내가 고통 중에 여호와께 부르짖었더니 여호와께서 응답하시고 나를 넓은 곳에 세우셨도다."

신약성경에서 사도 바울의 경험 가운데서도 이런 내용을 읽을 수 있습니다. "형제들아 우리가 아시아에서 당한 환난을 너희가 모르기를 원하지 아니하노니 힘에 겹도록 심한 고난을 당하여 살 소망까지 끊어지고 우리는 우리 자신이 사형 선고를 받은 줄 알았으니 이는 우리로 자기를 의지하지 말고 오직 죽은 자를 다시 살리시는 하나님만 의지하게 하심이라 그가 이같이 큰 사망에서 우리를 건지셨고 또 건지실 것이며 이 후에도 건지시기를 그에게 바라노라"(고후 1:8-10).

이처럼 하나님은 성도를 고통에서 건지십니다. 하나님은 암 투병 중인 성도를 결코 외면하거나 모른 척하지 않으십니다. 그러므로 삶에서 여러 가지 고통을 겪을 때 하나님을 의지해야 합니다. 고통 중에 있을 때 하나님께 기도하고 부르짖어야 합니다. 목자이신 하나님이 그분의 양인 우리를 고통에서 건지실 것이기 때문입니다. 이것이 "내 영혼을 소생시키시고"에 담긴 의미입니다.

자기 이름을 위하여
의의 길로 인도하시는도다 ·······

그런데 이렇게 말하면 우리에게는 당연히 의문이 생깁니다. '하나님이 성도를 고통에서 건지신다면 왜 우리는 여전히 고통을 겪는 것일까?' '왜 하나님은 우리를 고통에서 즉시 건지지 않으시는 것일까?' '왜 하나님은 우리에게 자꾸 고통을 허락하시는 것일까?' 이런 의문은 매우 현실적이고 실제적인 질문입니다.

그래서 다윗은 "내 영혼을 소생시키시고"라고 말한 다음 "자기 이름을 위하여 의의 길로 인도하시는도다"라는 말을 추가합니다. 이것은 고통의 문제에 대한 현실적인 의문을 푸는 데 도움을 주기 위한 설명입니다. 하나님은 성도를 고통에서 건지시는데, 성도는 여전히 고통을 겪는 현실을 어떻게 이해해야 할까요? 여기에 대해 다윗은 말합니다. "자기 이름을 위하여 의의 길로 인도하시는도다."

이 말씀은 무슨 뜻일까요? 주석가들은 종종 '의의 길로 인도한다'는 말을, 목자는 길을 잘 알기 때문에 양을 쉽고 안전하고 평탄한 길로 인도한다는 식으로 설명합니다. 이것은 "의의 길"을 양의 입장에서 이해한 것입니다. 그러나 '의의 길로 인도한다'는 말은 "자기 이름을 위하여"라는 말과 함께 이해되어야 합니다.

그러면 "자기 이름을 위하여"라는 말은 무슨 의미일까요? 성경에서 하나님의 이름은 하나님의 자기 계시로서 종종 하나님의 영광과 동일시됩니다. 예를 들면 이런 구절들이 있습니다. "이에 뭇 나라가 여호와의 이름을 경외하며 이 땅의 모든 왕들이 주의 영광을 경외하리니"(시 102:15), "서쪽에서 여호와의 이름을 두려워하겠고 해 돋는 쪽에서 그의 영광을 두려워할 것은 여호와께서 그 기운에 몰려 급히 흐르는 강물 같이 오실 것임이로다"(사 59:19). 따라서 "자기 이름을 위하여"라는 말은 '그의 영광을 위하여'라는 의미로 이해될 수 있습니다(시 79:9-10;

106:8-10; 겔 20:9, 14, 22, 44).

그렇다면 "자기 이름을 위하여 의의 길로 인도하시는도다"는 무슨 뜻일까요? 이것은 목자이신 하나님께서 그분의 영광을 위해 의의 길로 인도하심을 의미합니다. 이 경우 "의의 길"은 양의 입장에서 말한 게 아닙니다. 즉, "의의 길"은 양에게 쉽고 안전하고 평탄한 길을 말하지 않습니다. "의의 길"은 목자이신 하나님의 입장에서 말한 것입니다. 그것은 하나님 앞에서 의로운 길을 말합니다. 우리가 이 길을 갈 때 하나님은 영광을 받으십니다. 다음 구절이 그 점을 보여줍니다.

무릇 시온에서 슬퍼하는 자에게 화관을 주어 그 재를 대신하며 기쁨의 기름으로 그 슬픔을 대신하며 찬송의 옷으로 그 근심을 대신하시고 그들이 의의 나무 곧 여호와께서 심으신 그 영광을 나타낼 자라 일컬음을 받게 하려 하심이라 _ 사 61:3

예수 그리스도로 말미암아 의의 열매가 가득하여 하나님의 영광과 찬송이 되기를 원하노라 _ 빌 1:11

그러므로 본문에서 다윗이 말한 내용은 이런 것입니다. 하나님은 고통 중에 있는 성도를 건지십니다("내 영혼을 소생시키시고"). 더 나아가,

하나님은 고통 중에 있는 성도를 그분의 영광을 위해 의의 길로 인도하십니다("자기 이름을 위하여 의의 길로 인도하시는도다"). 여기서 고통의 문제는 단지 고통의 문제만이 아니라 성도의 의로운 삶과 연결되며, 하나님의 영광과 연결됩니다. 하나님은 고통을 통해 성도가 하나님의 영광을 위한 의로운 삶으로 나아가게 하십니다.

따라서 고통은 언제나 우리가 건짐받아야 하는 그런 것이 아닙니다. 고통은 우리가 그것을 통해 자신을 변화시킬 수 있는 것이기도 합니다. 이런 점에서 하나님은 때로 우리에게 여전히 고통을 겪게 하십니다. 그것이 바로 징계입니다. 징계에 대한 명확한 설명은 히브리서에 나옵니다.

또 아들들에게 권하는 것 같이 너희에게 권면하신 말씀도 잊었도다 일렀으되 내 아들아 주의 징계하심을 경히 여기지 말며 그에게 꾸지람을 받을 때에 낙심하지 말라 주께서 그 사랑하시는 자를 징계하시고 그가 받아들이시는 아들마다 채찍질하심이라 하였으니 너희가 참음은 징계를 받기 위함이라 하나님이 아들과 같이 너희를 대우하시나니 어찌 아버지가 징계하지 않는 아들이 있으리요 징계는 다 받는 것이거늘 너희에게 없으면 사생자요 친아들이 아니니라 또 우리 육신의 아버지가 우리를 징계하여도 공경하였거든 하물며 모든 영의 아버지께 더욱 복종

하며 살려 하지 않겠느냐 그들은 잠시 자기의 뜻대로 우리를 징계하였
거니와 오직 하나님은 우리의 유익을 위하여 그의 거룩하심에 참여하
게 하시느니라 무릇 징계가 당시에는 즐거워 보이지 않고 슬퍼 보이나
후에 그로 말미암아 연단 받은 자들은 의와 평강의 열매를 맺느니라 그
러므로 피곤한 손과 연약한 무릎을 일으켜 세우고 너희 발을 위하여 곧
은 길을 만들어 저는 다리로 하여금 어그러지지 않고 고침을 받게 하라
_ 히 12:5-13

비록 성도는 징계로 고통을 겪지만, 결국에는 "의와 평강의 열매"
를 맺게 됩니다. 그래서 성도는 이렇게 고백할 수 있습니다. "고난당하
기 전에는 내가 그릇 행하였더니 이제는 주의 말씀을 지키나이다"(시
119:67). "고난당한 것이 내게 유익이라 이로 말미암아 내가 주의 율례
들을 배우게 되었나이다"(시 119:71).

암 투병 중에 드리는 기도

나의 목자이신 하나님,
특별히 고통 중에 내 목자가 되어주셔서 감사합니다.

하나님은 암 투병의 고통에서 나를 건지실 것입니다.
고통을 이길 힘을 주시고 고통을 피할 길을 열어주시며,
언젠가 이 고통에서 벗어나게 하실 하나님을 의지하게 하소서.

또 하나님은 자기의 영광을 위해
고통 중에 있는 나를 의의 길로 인도하실 것입니다.
암 투병의 과정을 통해 의로운 삶으로 나아가게 하소서.

또 하나님은 사랑하는 아들을 징계하시어
자기의 거룩함에 참예케 한다고 하셨사오니,
고통 중에라도 낙심하지 말고 끝까지 인내하게 하소서.
그래서 의와 평강의 열매를 맺게 하시고,
나도 고난당한 것이 유익이라고 고백할 수 있게 하소서.

예수님의 이름으로 기도합니다. 아멘.

07
주께서 나와 함께 하심이라

견딜 수 없는 어려움 중에도
당신이 나와 함께하심을 압니다

"내가 사망의 음침한 골짜기로 다닐지라도 해를 두려워하지 않을 것은
주께서 나와 함께하심이라 주의 지팡이와 막대기가 나를 안위하시나이다"
_ 시 23:4

항암치료를 받는 동안 나는 목회를 쉬게 되었습니다. 그동안 사람을 만나거나 전화 받는 일은 가급적 피했습니다. 특히 항암주사를 맞고 나서 면역력이 떨어지면 감염의 위험이 크기 때문에 사람들과의 접촉을 피해야 했습니다. 자연히 혼자 있는 시간이 많아졌습니다. 그런데 외롭다고 느낀 적은 한 번도 없었습니다. 어느 때보다 더욱 하나님의 함께하심을 실감했기 때문입니다. 혼자 병원 대기실에서 기다릴 때, 침대에 누워 주사를 맞을 때, 산책할 때, 버스를 타고 갈 때, 산에 오를 때, 성경을 암송하거나 기도하면서, 나와 함께하시는 하나님을 생각하고 의지하는 것은 기쁨이었습니다.

시편 23편은 양과 목자의 관계에서 비롯된 풍성한 축복을 "내게 부족함이 없으리로다"라는 말로 표현합니다. 이때 풍성한 축복의 내용은 이어지는 설명을 통해 구체적으로 드러납니다. 그 첫 번째 설명이 "그가 나를 푸른 풀밭에 누이시며 쉴 만한 물 가로 인도하시는도다"(2절)입니다. 이것은 하나님이 성도의 필요를 채우시는 공급자임을 나타냅니다. 두 번째 설명은 "내 영혼을 소생시키시고 자기 이름을 위하여 의의 길로 인도하시는도다"(3절)입니다. 이것은 고통 중에 있는 성도를 하나님께서 어떻게 돌보시는지 말해 줍니다. 하나님은 성도를 고통에서 건지실 뿐 아니라, 하나님의 영광을 위해 고통을 통해 성도를 의의 길로 인도하십니다.

그런 다음 세 번째 설명이 이어집니다. "내가 사망의 음침한 골짜기로 다닐지라도 해를 두려워하지 않을 것은 주께서 나와 함께하심이라 주의 지팡이와 막대기가 나를 안위하시나이다"(4절). 먼저 이 말씀이 무엇에 대해 말하는지 생각해 보아야 합니다. 이 말씀은 새로운 내용을 말한 것일까요, 아니면 앞의 내용과 이어서 말한 것일까요?

여기서 주목해야 하는 것은 이 문장의 형식입니다. 이 문장은 "(비록) 내가 사망의 음침한 골짜기로 다닐지라도"라는 양보절로 시작됩니다. 이것은 이 문장이 새로운 내용의 시작이 아니라 앞에서 말한 내용의 연속임을 나타냅니다(애 3:8; 호 9:16 참조). 즉, 이 문장은 3절에서 말한 고통 중에 있는 성도를 하나님께서 어떻게 돌보시는지에 대한 설명을 이어갑니다.

사망의 음침한 골짜기 ·······

이처럼 "내가 사망의 음침한 골짜기로 다닐지라도"라는 말은 3절의 연속으로 고통 중에 있는 성도를 하나님께서 어떻게 돌보시는지에 대한 설명의 연속입니다. 여기서 다윗이 말하는 것은, 극한 고통의 상황에서도 하나님은 성도를 돌보신다는 것입니다. 다윗은 이런 상황을 "사망의 음침한 골짜기"라는 말로 표현합니다.

"사망의 음침한"(사망의 그늘)이라는 말은 사람이 일상적으로 겪는 고통을 말하지 않습니다. 특별한 경우에 겪는 극한 고통을 말합니다. 몇 가지 예를 들면, 이스라엘 백성이 겪은 광야의 위험(렘 2:6), 이스라엘 백성에게 주어진 심판의 위협(렘 13:16), 이스라엘이 이방의 압제 아래서 겪는 고통(사 9:1-4), 전쟁의 패배로 당하는 고통(시 44:19), 포로생활의 고통(시 107:10-14), 죽음의 공포(욥 10:21-22)가 그것입니다.

이렇게 특별한 경우에 겪는 극한 고통이 "사망의 음침한 골짜기"입니다. 사실 인생이 겪는 어떤 고통도 여기서 제외되는 것은 없습니다. 암으로 겪는 고통도 물론 여기에 포함됩니다. 그런데 다윗은 이런 극한 고통의 상황에서도 "해를 두려워하지 않을" 거라고 말합니다. 그것은 "주께서 나와 함께 하심이라"고 말할 수 있기 때문입니다.

주께서 나와 함께 하심이라 ·······

이처럼 어떤 상황에서도 두려워하지 않을 수 있는 것은 하나님이 함께하시기 때문입니다. 하나님은 "두려워하지 말라 내가 너와 함께 함이라 놀라지 말라 나는 네 하나님이 됨이라 내가 너를 굳세게 하리라 참으로 너를 도와주리라 참으로 나의 의로운 오른손으로 너를 붙들리라"(사 41:10)고 말씀하셨습니다.

그래서 모세는 전세가 불리한 상황에서도 이스라엘 백성에게 두려워하지 말라고 말했습니다. "네가 나가서 적군과 싸우려 할 때에 말과 병거와 백성이 너보다 많음을 볼지라도 그들을 두려워하지 말라 애굽 땅에서 너를 인도하여 내신 네 하나님 여호와께서 너와 함께 하시느니라"(신 20:1). 또 모세는 죽기 전 가나안 정복을 앞둔 이스라엘 백성과 여호수아에게 말했습니다. "너희는 강하고 담대하라 두려워하지 말라 그들 앞에서 떨지 말라 이는 네 하나님 여호와 그가 너와 함께 가시며 결코 너를 떠나지 아니하시며 버리지 아니하실 것임이라 하고 … 여호와 그가 네 앞에서 가시며 너와 함께 하사 너를 떠나지 아니하시며 버리지 아니하시리니 너는 두려워하지 말라 놀라지 말라"(신 31:6, 8).

히스기야는 앗수르 왕 산헤립이 예루살렘을 치러 왔을 때 백성에게 말했습니다. "너희는 마음을 강하게 하며 담대히 하고 앗수르 왕과 그를 따르는 온 무리로 말미암아 두려워하지 말며 놀라지 말라 우리와 함께 하시는 이가 그와 함께 하는 자보다 크니"(대하 32:7). 또 스바냐 선지자는 예루살렘의 회복을 예언했습니다. "여호와가 네 형벌을 제거하였고 네 원수를 쫓아냈으며 이스라엘 왕 여호와가 네 가운데 계시니 네가 다시는 화를 당할까 두려워하지 아니할 것이라"(습 3:15). 우리는 목자이신 하나님이 함께하신다는 믿음을 가질 때 해를 두려워하지 않습니다.

그런데 이 구절에서 놀라운 것은 극한 고통의 상황에서도 하나님이 함께하신다는 점입니다. 하나님이 함께하신다는 사실은 2절과 3절에도 이미 암시되어 있습니다. "그가 나를 푸른 풀밭에 누이시며 쉴 만한 물 가로 인도하시는도다 내 영혼을 소생시키시고 자기 이름을 위하여 의의 길로 인도하시는도다." 그렇지만 극한 고통의 상황을 말하는 본문에서 그 사실은 명시적으로 드러납니다. 다윗은 가장 고통스러운 상황에서도 하나님이 함께하신다는 점을 강조한 것입니다.

특히 다윗은 이 점을 강조하려고 "주께서 나와 함께 하심이라"고 말합니다. 이때 "주께서"는 '당신께서'라는 말입니다. 다윗은 여기서 3인칭대명사(그) 대신 2인칭대명사(당신)를 사용하여, 하나님이 자신과 함께하심을 부각시킵니다. 자신이 하나님께 직접 말씀드리는 형식을 통해 하나님의 임재를 극적으로 드러내고, 극한 고통의 상황에서도 하나님이 함께하신다는 점을 강조한 것입니다.

이와 같이 하나님은 극한 고통 속에서 우리와 함께하십니다. 그래서 우리는 극심한 고통 가운데 있을 때 목자이신 하나님의 임재를 특별히 경험하게 됩니다. 이것이 성도들의 공통된 경험입니다. 하나님은 야곱이 고난당할 때 그와 함께하셨습니다.

그들에게 이르되 내가 그대들의 아버지의 안색을 본즉 내게 대하여 전과 같지 아니하도다 그러할지라도 내 아버지의 하나님은 나와 함께 계셨느니라 그대들도 알거니와 내가 힘을 다하여 그대들의 아버지를 섬겼거늘 그대들의 아버지가 나를 속여 품삯을 열 번이나 변경하였느니라 그러나 하나님이 그를 막으사 나를 해치지 못하게 하셨으며 …

내가 외삼촌의 집에 있는 이 이십 년 동안 외삼촌의 두 딸을 위하여 십사 년, 외삼촌의 양 떼를 위하여 육 년을 외삼촌에게 봉사하였거니와 외삼촌께서 내 품삯을 열 번이나 바꾸셨으며 우리 아버지의 하나님, 아브라함의 하나님 곧 이삭이 경외하는 이가 나와 함께 계시지 아니하셨더라면 외삼촌께서 이제 나를 빈손으로 돌려보내셨으리이다마는 하나님이 내 고난과 내 손의 수고를 보시고 어제 밤에 외삼촌을 책망하셨나이다 _ 창 31:5-7, 41-42

하나님은 요셉의 종살이와 옥살이 가운데서도 함께하셨습니다.

요셉이 이끌려 애굽에 내려가매 바로의 신하 친위대장 애굽 사람 보디발이 그를 그리로 데려간 이스마엘 사람의 손에서 요셉을 사니라 여호와께서 요셉과 함께 하시므로 그가 형통한 자가 되어 그의 주인 애굽 사람의 집에 있으니 … 이에 요셉의 주인이 그를 잡아 옥에 가두니 그 옥은 왕의 죄수를 가두는 곳이었더라 요셉이 옥에 갇혔으나 여호와께서 요셉과 함께 하시고 그에게 인자를 더하사 간수장에게 은혜를 받게 하시매 _ 창 39:1-2, 20-21

하나님은 이스라엘 백성의 사십 년 광야생활 가운데서도 그들과 함

께하셨습니다.

네 하나님 여호와께서 네가 하는 모든 일에 네게 복을 주시고 네가 이 큰 광야에 두루 다님을 알고 네 하나님 여호와께서 이 사십 년 동안을 너와 함께 하셨으므로 네게 부족함이 없었느니라 하시기로 _ 신 2:7

하나님은 다윗의 위기 속에서도 함께하셨습니다.

그 이튿날 하나님께서 부리시는 악령이 사울에게 힘 있게 내리매 그가 집 안에서 정신 없이 떠들어대므로 다윗이 평일과 같이 손으로 수금을 타는데 그 때에 사울의 손에 창이 있는지라 그가 스스로 이르기를 내가 다윗을 벽에 박으리라 하고 사울이 그 창을 던졌으나 다윗이 그의 앞에서 두 번 피하였더라 여호와께서 사울을 떠나 다윗과 함께 계시므로 사울이 그를 두려워한지라 _ 삼상 18:10-12

또 사도 바울은 핍박 가운데서 함께하신 하나님을 경험했습니다.

내가 처음 변명할 때에 나와 함께 한 자가 하나도 없고 다 나를 버렸으나 그들에게 허물을 돌리지 않기를 원하노라 주께서 내 곁에 서서 나에게 힘을 주심은 나로 말미암아 선포된 말씀이 온전히 전파되어 모든 이방인이 듣게 하려 하심이니 내가 사자의 입에서 건짐을 받았느니라 _ 딤후 4:16-17

밤에 주께서 환상 가운데 바울에게 말씀하시되 두려워하지 말며 침묵하지 말고 말하라 내가 너와 함께 있으매 어떤 사람도 너를 대적하여 해롭게 할 자가 없을 것이니 이는 이 성중에 내 백성이 많음이라 하시더라 _ 행 18:9-10

주의 지팡이와 막대기가
나를 안위하시나이다 ·······

본문의 두 번째 마디 "주의 지팡이와 막대기가 나를 안위하시나이다"를 살펴보면, 이것은 앞에서 살펴본 대로 독립된 내용을 말한 게 아닙니다. 첫 번째 마디와 함께 하나로 연결된 내용을 말한 것입니다. 첫 번째 마디는 극한 고통의 상황을 두고 한 말입니다. "내가 사망의 음침한 골짜기로 다닐지라도 해를 두려워하지 않을 것은 주께서 나와 함께 하심이라." 그렇다면 "주의 지팡이와 막대기가 나를 안위하시나이다"

라는 말도 극한 고통의 상황을 두고 한 말입니다.

여기서 "지팡이와 막대기"는 팔레스타인 지방에서 목자들이 사용하는 도구입니다. 다윗은 이로써 목자의 공급과 보호와 인도를 상징적으로 표현합니다. 그런데 여기서도 다윗은 2인칭대명사를 계속 사용합니다. "주의(당신의) 지팡이와 막대기가 나를 안위하시나이다." 한글 번역은 이렇게 되어 있지만, 히브리어 표현이 주는 느낌은 이보다 훨씬 강합니다. '당신의 지팡이와 당신의 막대기 그것들이 나를 안위하시나이다.' 다윗은 이렇게 말한 것과 같습니다. '아무것도 나를 안위할 수 없는 극한 고통의 상황에서 오직 목자이신 당신의 돌보심만이 나를 안위할 수 있습니다.' 이것이 '당신의 지팡이와 당신의 막대기 그것들이 나를 안위하시나이다'라는 말의 의미입니다.

사도 바울은 자신이 고통 속에서 하나님께 받은 위로를 말합니다.

찬송하리로다 그는 우리 주 예수 그리스도의 하나님이시요 자비의 아버지시요 모든 위로의 하나님이시며 우리의 모든 환난 중에서 우리를 위로하사 우리로 하여금 하나님께 받는 위로로써 모든 환난 중에 있는 자들을 능히 위로하게 하시는 이시로다 _ 고후 1:3-4

여기서 주목해야 할 단어는 "모든"입니다. 사도 바울은 이 사실을 강조합니다. "모든 위로의 하나님이시며 우리의 모든 환난 중에서 … 모든 환난 중에 있는 자들을…." 하나님이 위로하지 못할 환난은 없다는 뜻입니다. 우리가 아무리 극심한 고통 가운데 있다 하더라도 하나님은 우리를 위로하실 수 있습니다. 암 투병 중에도 마찬가지입니다. 성도들은 다 그 사실을 경험하고 살아온 것입니다. 세상의 그 무엇도 위로가 될 수 없는 상황에서도 하나님은 위로가 되십니다.

시편 77편은 시편 기자가 인생의 극한 상황에서 고통을 겪으면서 쓴 것으로 보입니다. 그 시에 이런 내용이 나옵니다.

나의 환난 날에 내가 주를 찾았으며 밤에는 내 손을 들고 거두지 아니하였나니 내 영혼이 위로 받기를 거절하였도다 _ 2절

여기 "내 영혼이 위로 받기를 거절하였도다"라는 말은 그 어떤 것도 그에게는 위로가 되지 못했다는 의미입니다. 그래서 이런 내용이 이어집니다.

내가 하나님을 기억하고 불안하여 근심하니 내 심령이 상하도다 (셀라) 주께서 내가 눈을 붙이지 못하게 하시니 내가 괴로워 말할 수 없나이다 _ 3-4절

내가 사망의 음침한 골짜기로 다닐지라도

이것은 그가 얼마나 힘든 상황에 있었는지를 보여줍니다. 그러면서 이렇게까지 말합니다.

> 주께서 영원히 버리실까, 다시는 은혜를 베풀지 아니하실까, 그의 인자하심은 영원히 끝났는가, 그의 약속하심도 영구히 폐하였는가, 하나님이 그가 베푸실 은혜를 잊으셨는가, 노하심으로 그가 베푸실 긍휼을 그치셨는가 하였나이다 (셀라) _ 7-9절

결국 그는 절망적인 상황에 놓였던 것입니다. 그런데 그 다음 시편 기자는 말합니다.

> 또 내가 말하기를 이는 나의 잘못이라 지존자의 오른손의 해 곧 여호와의 일들을 기억하며 주께서 옛적에 행하신 기이한 일을 기억하리이다 또 주의 모든 일을 작은 소리로 읊조리며 주의 행사를 낮은 소리로 되뇌이리이다 _ 10-12절

그러면서 출애굽 때 하나님이 홍해를 가르시며 이스라엘 백성을 구원하신 일을 기억하며, 하나님이 어떤 분인지를 생각해냅니다.

하나님이여 주의 도는 극히 거룩하시오니 하나님과 같이 위대하신 신이 누구오니이까 주는 기이한 일을 행하신 하나님이시라 민족들 중에 주의 능력을 알리시고 주의 팔로 주의 백성 곧 야곱과 요셉의 자손을 속량하셨나이다 (셀라) 하나님이여 물들이 주를 보았나이다 물들이 주를 보고 두려워하며 깊음도 진동하였고 구름이 물을 쏟고 궁창이 소리를 내며 주의 화살도 날아갔나이다 회오리바람 중에 주의 우렛소리가 있으며 번개가 세계를 비추며 땅이 흔들리고 움직였나이다 주의 길이 바다에 있었고 주의 곧은 길이 큰 물에 있었으나 주의 발자취를 알 수 없었나이다 _ 13-19절

그리고 결론적으로 이 시를 이렇게 끝냅니다.

주의 백성을 양 떼 같이 모세와 아론의 손으로 인도하셨나이다 _ 20절

목자가 양을 인도하듯 하나님이 이스라엘 백성을 인도하셨다는 것입니다. 여기서 시편 기자는 생각합니다. 현재 자신이 처한 상황이 마치 홍해 앞에 선 이스라엘 백성처럼 절박하지만, 하나님은 자신을 목자같이 돌보실 거라는 사실을.
우리는 인생의 힘든 상황을 지날 때 이 말씀을 기억해야 합니다.

"주의 지팡이와 막대기가 나를 안위하시나이다." 내 목자이신 하나님
은 어떤 상황에서도 나를 위로해 주실 것입니다.

암 투병 중에 드리는 기도

내 목자이신 하나님,
어떤 상황에서도 나를 돌보심을 감사합니다.
내가 암 투병 중인 상황도 여기서 예외일 수 없습니다.

하나님은 가장 고통스러운 상황에서 특별히 나와 함께하십니다.
나는 암 투병을 통해 이 사실을 확인하게 될 것입니다.

그러기에 나는 어떤 상황에서도 두려워하지 않을 수 있습니다.
누구도 나를 위로할 수 없는 극한 고통의 상황에서
나를 위로할 분은 오직 한 분, 내 목자이신 하나님뿐입니다.

어떤 상황에서도 하나님께서 나와 함께 계심을 믿고 의지하게 하소서.
그래서 상황을 뛰어넘는 하나님의 위로와 도움을 얻게 하소서.

예수님의 이름으로 기도합니다. 아멘.

08
내 잔이 넘치나이다

치료의 고통 중에도 연회의 즐거움을 주시는
당신 안에서 내 영혼은 만족합니다

"주께서 내 원수의 목전에서 내게 상을 차려 주시고
기름을 내 머리에 부으셨으니 내 잔이 넘치나이다"
_ 시 23:5

항암치료를 받다 보면 언뜻 죽음에 대한 생각이 떠오를 때가 있습니다. 한번은 그런 생각이 떠올랐는데, 이 구절이 생각났습니다. "죽은 자들은 여호와를 찬양하지 못하나니 적막한 데로 내려가는 자들은 아무도 찬양하지 못하리로다"(시 115:17). 하나님을 찬양하지 못한다고 생각하니 죽음의 의미가 새롭게 느껴졌습니다. 그래서 하나님께 기도했습니다. 비록 지금은 암 투병 중이지만, 이 땅에서 하나님을 찬양할 수 있게 해달라고. 그러고 보니 오래 전 다윗은 이미 죽음의 위협을 느낀 후에 하나님을 찬양한 경험이 있었습니다. 시편 23편에서 "사망의 음침한 골짜기"를 말하더니 이어서 하나님을 찬양하기 때문입니다.

이 시에서 목자의 비유는 1-4절에서 나타납니다. 1절에는 "목자"가 언급되고, 4절에는 목자를 상징하는 "지팡이와 막대기"가 언급됩니다. 이와 함께 1절에는 "부족함이 없으리로다"라는 고백이 나오고, 4절에는 "두려워하지 않을" 거라는 고백이 나옵니다. 이로써 1-4절은 목자의 비유가 사용된 하나의 단락을 형성합니다.

그런 다음, 5절에는 목자의 비유가 더 이상 나타나지 않습니다. "주께서 내 원수의 목전에서 내게 상을 차려 주시고 기름을 내 머리에 부으셨으니 내 잔이 넘치나이다." 그래서 전통적으로는 이 구절에서 비유의 전환이 일어난 것으로 간주합니다. 즉, 다윗은 여기서부터 목자의 비유 대신 연회 주인의 비유를 사용하는 것입니다.

그렇지만 표면상 목자의 비유를 더 이상 사용하지 않을 뿐, 내용상으로는 앞의 부분과 연결됩니다. 이것은 두 가지 점에서 그렇습니다.

내용의 연속성 · · · · · · ·

하나는 모티브의 연속성입니다. 모티브는 시를 쓸 때 표현의 동기가 되는 작가의 중심 사상을 말합니다. 이 시의 모티브는 출애굽입니다. 이 시에는 출애굽과 광야생활에서 이스라엘이 체험한 하나님에 대한 묘사가 일관되게 나타납니다.

1절 "여호와는 나의 목자시니 내게 부족함이 없으리로다"를 볼 때, 여기서 하나님을 목자로 표현한 것은 앞서 살펴본 대로 출애굽과 광야생활을 통해 이스라엘 백성이 체험한 것을 반영한 것입니다(시 74:1-2; 77:20; 78:51-52; 사 63:11). 또 부족함이 없다는 표현 역시 광야생활에서 이스라엘 백성이 체험한 사실과 일치합니다(신 2:7).

2절도 마찬가지입니다. "그가 나를 푸른 풀밭에 누이시며 쉴 만한 물 가로 인도하시는도다"에서 "인도하시는도다"라는 말은 출애굽을 말할 때 사용된 것입니다(출 15:13). 또 "쉴 만한"이라는 말도 이스라엘 백성의 광야생활을 말할 때 사용되었습니다(민 10:33).

3절 "자기 이름을 위하여"라는 말은 하나님께서 출애굽을 이루신 목적을 말할 때 사용되었습니다(시 106:7-8; 겔 20:9, 14, 22, 44). 그리고 4절 "사망의 음침한"이라는 말(렘 2:6)이나 "함께 하심이라"는 말(신 2:7)은 역시 이스라엘 백성의 광야생활을 말할 때 사용되었습니다.

그런데 본문에서도 이러한 출애굽과 광야생활의 모티브는 계속 이어집니다. "주께서 내 원수의 목전에서 내게 상을 차려 주시고"에서 "상을 차려 주시고"라는 말은 구약성경에서 한 번 더 나오는데, 이스라엘 백성의 광야생활을 말할 때입니다. "그뿐 아니라 하나님을 대적하여 말하기를 하나님이 광야에서 식탁을 베푸실 수 있으랴(상을 차리다) 보라 그가 반석을 쳐서 물을 내시니 시내가 넘쳤으나 그가 능히 떡도 주시며 자기 백성을 위하여 고기도 예비하시랴 하였도다"(시 78:19-20). 하나님은 광야에서 이스라엘 백성에게 식탁을 베푸신 것입니다. 이처럼 출애굽의 모티브가 계속 나타난다는 점에서 앞의 내용과 연결됩니다.

또 하나 본문과 앞의 내용의 연결을 보여주는 것은 표현의 연속성입니다. 본문에서 다윗은 4절과 마찬가지로 하나님을 2인칭 "주"(당신)로 표현합니다. "내가 사망의 음침한 골짜기로 다닐지라도 해를 두려워하지 않을 것은 주(당신)께서 나와 함께 하심이라 주의 지팡이와 (주의) 막대기가 나를 안위하시나이다"(4절). "주(당신)께서 내 원수의 목전에서 내게 상을 베푸시고 (주께서) 기름으로 내 머리에 바르셨으니"(5절). 이것은 하나님께 직접 말씀드리는 형식을 통해 하나님의 임재를 극적으로 드러내는 방식입니다. 본문에서도 하나님이 함께하신다는 사실은 여전히 강조됩니다.

이처럼 본문 5절은 동일한 모티브와 동일한 표현으로 앞의 내용과 연결됩니다. 그렇다면 본문에서 다윗이 말하는 것은 무엇일까요? 그것은 목자의 비유가 사용된 앞의 내용보다 한 단계 더 발전한 것입니다.

하나님께 대한 감사와 찬송 · · · · · · ·

본문 앞의 내용은 1절 "여호와는 나의 목자시니 내게 부족함이 없으리로다"에 요약되어 있습니다. 그런 다음 여기에 "부족함이 없으리로다"라는 말에 대한 보충설명이 이어집니다. 우선 그 말은 필요를 채우시는 것(공급)을 의미합니다(2절). 또 고통에서 건지시되 의의 길로 이끄시는 것(인도)을 의미합니다(3절). 더 나아가 극한 고통 속에서도 함께하심(보호)을 의미합니다(4절). 이처럼 본문 앞에서 다윗은 목자의 비유를 통해 자신이 받은 은혜에 대해 말합니다. 그것은 "내게 부족함이 없으리로다"라는 말로 시작해 "(내가) 해를 두려워하지 않을 것"이라는 말로 끝납니다.

그런 다음 5절에서 다윗은 말합니다. "주께서 내 원수의 목전에서 내게 상을 차려 주시고 기름을 내 머리에 부으셨으니 내 잔이 넘치나이다." 여기서 다윗의 관심은 자신이 받은 은혜에서 은혜를 베푸신 하나님께로 한 단계 발전합니다. 이때 목자의 비유는 더 이상 나타나지 않습니다. 은혜를 베푸신 하나님께 대한 감사와 찬송을 표현하기에 목자의 비유는 부족하기 때문입니다. 양이 목자를 찬송하는 일은 없으니까요.

그러면 다윗은 하나님께 대한 감사와 찬송을 어떻게 표현했을까요? 앞에서 살펴본 대로, 다윗은 4절과 5절에서 하나님을 2인칭 "주"(당신)로 지칭합니다. 그런데 차이가 있습니다. 목자의 비유가 사용된 4절에서 문장의 주어는 '나' 또는 '그것들'입니다. "내가 사망의 음침한 골짜기로 다닐지라도 (내가) 해를 두려워하지 않을 것은 주께서 나와 함께 하심이라 주의 지팡이와 (주의) 막대기가(그것들이) 나를 안위하시나이다." 그에 비해 목자의 비유가 나타나지 않는 5절에서 문장의 주어는 "주"(당신)입니다. "주께서 내 원수의 목전에서 내게 상을 차려 주시고 (주께서) 기름으로 내 머리에 바르셨으니 내 잔이 넘치나이다."

이처럼 본문에서 다윗은 4절에서와 달리 문장의 주어를 "주"(당신)로 바꾸어 표현합니다. 그럼으로써 행동의 주체가 하나님임을 부각시킵니다. 이것은 하나님께 대한 감사와 찬송을 표현하는 것이기 때문입니다.

다윗이 하나님께 대한 감사와 찬송을 어떻게 표현하는지 살펴볼까요? 첫 번째 내용은 "주께서 내 원수의 목전에서 내게 상을 차려 주시고"입니다. 여기서 '주께서 … 내게 상을 차려 주신다'는 표현은, 마치 하나님께서 연회 주인이 손님에게 하듯 하시는 것을 나타냅니다. 이것은 어떤 면에서 목자이신 하나님이 양을 돌보시는 것과 통합니다.

그렇지만 중요한 차이는 "내 원수의 목전에서"라는 것입니다. 이것은 목자이신 하나님에 대한 체험이 사적인 영역에만 머물지 않는다는 점을 나타냅니다. 그 체험은 공적 영역에까지 확장됩니다. 목자인 하나님의 돌보심은 모든 사람 가운데서 드러납니다. 그것이 "내 원수의 목전에서"라는 말에 담긴 의미입니다.

시편 31편은 다윗이 고통 중에 자신을 건지신 하나님을 노래한 시입니다. 다윗은 고통 중에 기도합니다.

여호와여 내가 고통 중에 있사오니 내게 은혜를 베푸소서 내가 근심 때문에 눈과 영혼과 몸이 쇠하였나이다 내 일생을 슬픔으로 보내며 나의 연수를 탄식으로 보냄이여 내 기력이 나의 죄악 때문에 약하여지며 나의 뼈가 쇠하도소이다 _ 시 31:9-10

그런 다음 "내가 모든 대적들(본문의 '원수'와 같은 말) 때문에 욕을 당하고 내 이웃에게서는 심히 당하니 내 친구가 놀라고 길에서 보는 자가 나를 피하였나이다"(시 31:11)라는 내용이 이어집니다. 다윗의 문제는 자신이 겪는 고통뿐 아니라 다른 사람들에게 당하는 모욕과 외면입니다.

그래서 다윗은 기도 후에 자신의 확신을 이렇게 말합니다. "주를 두려워하는 자를 위하여 쌓아 두신 은혜 곧 주께 피하는 자를 위하여 인생 앞에 베푸신 은혜가 어찌 그리 큰지요"(시 31:19). 이때 "인생 앞에"(인생의 목전에)의 의미는, 하나님은 자신을 고통에서 건지시는데 '인생 앞에서' 그렇게 하신다는 것입니다. 하나님이 은혜를 베푸시는데, 그를 모욕하고 외면한 바로 그 사람들 앞에서 건지신다는 의미인 것입니다. 이런 점에서 자신을 고통에서 건지시는 하나님에 대한 다윗의 체험은 공적입니다.

마찬가지로 본문에서 목자이신 하나님에 대한 다윗의 체험 역시 공적입니다. 그래서 다윗은 "주께서 내 원수의 목전에서 내게 상을 차려 주시고"라고 말합니다. 이것은 목자인 하나님에 대한 다윗의 체험이 얼마나 크고 놀라운 것인지 보여줍니다. 다윗은 목자인 하나님에 대한 체험을 자신과 하나님 사이의 일로만 말하지 않습니다. 그 체험이 자기의 원수들 앞에서 일어난 것으로 말합니다.

이런 점에서 "주께서 내 원수의 목전에서 내게 상을 차려 주시고"라는 말은 단순한 고백이 아닙니다. 하나님이 온 세상 가운데서 영광을 받으셔야 한다는 고백입니다. 이것은 사실상 하나님께 드리는 감사의 고백이고 찬송입니다.

이 사실은 다윗이 말한 두 번째 내용에서 더욱 분명해집니다. "기름을 내 머리에 부으셨으니 내 잔이 넘치나이다"에서 "기름을 내 머리에 부으셨으니"는 앞에 나온 "내게 상을 차려 주시고"라는 말과 함께 연회 장면을 연상시킵니다. 기름을 머리에 바르는 일은 연회에 참석하기 위해 행하던 일로 알려져 있습니다(암 6:5-6; 단 10:3; 눅 7:46).

중요한 것은 여기에 추가된 "내 잔이 넘치나이다"라는 말입니다. '넘치다'는 말은 채우고도 남음을 의미합니다. 그래서 이 말이 한 번 더 사용된 다른 곳에서는 '풍부하다'로 번역되었습니다. "사람들로 우리 머리 위로 타고 가게 하셨나이다 우리가 불과 물을 통과하였더니 주께서 우리를 끌어내사 풍부한 곳에 들이셨나이다"(시 66:12). 따라서 "넘치나이다"라는 말은 1절의 부족함이 없다는 말의 의미를 적극적으로 표현한 것이라고 할 수 있습니다.

그러면 "내 잔이 넘치나이다"는 무엇을 표현한 것일까요? "잔"은 '주어진 몫'을 가리킵니다(시 11:6; 16:5). 따라서 "잔"은 '주어진 몫'에 대한 감사를 표현하는 도구가 됩니다. 시편 116편에서 잔을 드는 것은 감사하는 의미입니다. "내게 주신 모든 은혜를 내가 여호와께 무엇으로 보답할까 내가 구원의 잔을 들고 여호와의 이름을 부르며 여호와의 모든 백성 앞에서 나는 나의 서원을 여호와께 갚으리로다 … 내가 주께 감사제를 드리고 여호와의 이름을 부르리이다 내가 여호와께 서원한 것을 그의 모든 백성이 보는 앞에서 내가 지키리로다 예루살렘아, 네 한 가운데에서 곧 여호와의 성전 뜰에서 지키리로다 할렐루야"(시 116:12-14, 17-19). 여기서 "내가 구원의 잔을 들고"라는 말은 "내가 주께 감사제를 드리고"와 같은 뜻으로 쓰였습니다. 이때 "잔"은 구원의 은혜에 대한 감사를 나타냅니다.

마찬가지로 "내 잔이 넘치나이다"는 풍부한 은혜에 대한 감사를 나타냅니다. 다윗은 '주께서 내게 베푸신 은혜가 매우 흡족해서 내가 뭐라 감사해야 좋을지 모르겠습니다'라고 말한 것과 같습니다. 이것은 사실상 하나님께 드리는 찬송입니다.

이처럼 다윗은 자기가 받은 은혜에 대해 말해 왔지만 그것으로 끝내지 않습니다. 그 뒤에 자기가 받은 은혜 때문에 하나님께 감사하고 찬송하는 것을 추가합니다. 우리의 관심이 우리가 받은 은혜에만 머물고 있지는 않은가요? 우리의 관심이 우리가 받은 은혜에서 은혜를 베푸신 하나님께로 한 단계 더 발전해야 하지 않을까요? 그래서 은혜를 베푸신 하나님께 감사와 찬송을 드려야 하지 않을까요?

암 투병 중인 분이라면 치료에 관심을 갖는 것은 당연합니다. 그렇지만 우리의 관심은 거기에 머물지 말고 한 단계 더 나아가야 합니다. 그래서 치료하시는 하나님께 감사와 찬송 드리는 것을 잊지 말아야 합니다.

목자와 양의 비유는 이러한 감사와 찬송을 표현하기에는 부족합니다. 또 하나님과의 친밀한 관계를 표현하기에도 부족합니다. 그래서 다윗은 연회라는 식사의 교제를 통해 친밀한 관계를 묘사합니다. 4절과 5절에서 다윗은 하나님을 2인칭 "주"(당신)로 호칭함으로써 하나님의 임재를 극적으로 드러냅니다. 이와 함께 4절과 5절에서 1인칭 "나"를 자주 사용함으로써 하나님과의 친밀한 관계를 표시합니다.

여호와는 나의 목자시니 내게 부족함이 없으리로다

그가 나를 푸른 풀밭에 누이시며 (그가 나를) 쉴 만한 물 가로 인도하시는도다

(그가) 내 영혼을 소생시키시고 (그가 나를) 자기 이름을 위하여 의의 길로 인도하시는도다

내가 사망의 음침한 골짜기로 다닐지라도 (내가) 해를 두려워하지 않을 것은 주께서 나와 함께 하심이라 주의 지팡이와 (주의) 막대기가 나를 안위하시나이다

주께서 내 원수의 목전에서 내게 상을 차려 주시고 기름을 내 머리에 부으셨으니 내 잔이 넘치나이다

내 평생에 선하심과 인자하심이 반드시 나를 따르리니 내가 여호와의

다윗은 극한 고통 속에서 하나님과의 친밀한 관계를 체험하듯(4절), 하나님께 대한 감사와 찬송을 통해 하나님과의 친밀한 관계를 맛봅니다(5절). 다윗은 하나님이 자신의 필요를 채워주시고 인도하시고 보호해 주신 것에 모두 감사하지만, 그가 궁극적으로 생각하는 것은 그렇게 해주신 분이 누구인가 하는 것입니다. 이런 점에서 자신이 받은 은혜에만 관심이 머무는 사람은 하나님과의 친밀한 관계를 맛보기 어렵습니다. 은혜를 베푸신 하나님께 대한 감사와 찬송을 통해 하나님과의 친밀한 관계를 맛보게 됩니다. 그래서 본문은 매우 중요합니다. "주께서 내 원수의 목전에서 내게 상을 차려 주시고 기름을 내 머리에 부으셨으니 내 잔이 넘치나이다."

암 투병 중에 드리는 기도

내 목자이신 하나님,
내게 부족함 없는 은혜를 베풀어주시니 감사합니다.
비록 암 투병 중에 있지만, 나는 하나님 안에서 만족합니다.
이 은혜가 얼마나 크고 놀라운지요.

그러나 내 관심이 받은 은혜에만 머물지 않고
은혜를 베푸신 하나님께로 한 단계 더 나아가게 하소서.
그래서 하나님께 감사하고 찬송하게 하시며
그것을 통해 하나님께 영광 돌리게 하소서.

나도 다윗처럼 감사와 찬송을 통해
하나님과 친밀한 관계를 맛보기 원합니다.
그래서 친교의 기쁨과 안식 속에서 고통을 이길 힘을 얻기 원합니다.

예수님의 이름으로 기도합니다. 아멘.

내 생이 다할 때까지, 아니 그 너머 영원까지
당신의 변함없는 인자하심을 확신합니다

"내 평생에 선하심과 인자하심이 반드시 나를 따르리니
내가 여호와의 집에 영원히 살리로다"

_ 시 23:6

나는 항암치료를 받는 동안 가능한 범위 안에서 일상을 유지하려
고 했습니다. 그중 하나가 제가 전했던 요셉에 대한 설교원고를 정리
하는 일이었습니다. 물론 그 일도 할 수 없는 때가 있었지만, 몸 상태
가 어느 정도 회복되면 매일 원고정리에 매달렸습니다. 그 일은 내게
즐거움을 주었습니다. 요셉의 생애가 보여주는 악을 선으로 바꾸시는
하나님의 섭리 때문이었습니다. 그렇게 정리한 원고는 후에 책으로

출간되었는데, 그중에 이런 대목이 나옵니다. "하나님은 그분의 영광과 우리의 선을 위해 악까지도 사용하신다. 그렇다면 이런 하나님의 섭리에서 벗어날 수 있는 것은 아무 것도 없다." 나는 요셉의 이야기를 통해 그 사실을 확인하며 암 투병의 과정에서 하나님을 더욱 신뢰할 수 있었습니다.

시편 23편은 장르를 나눌 때 신뢰의 시로 분류됩니다. 하나님을 향한 신뢰가 이 시의 전반에 흐르기 때문입니다. 특히 이 시의 처음과 마지막은 하나님에 대한 신뢰를 고백하고 있습니다. "여호와는 나의 목자시니 내게 부족함이 없으리로다 … 내 평생에 선하심과 인자하심이 반드시 나를 따르리니 내가 여호와의 집에 영원히 살리로다"(1, 6절). 여기서 다윗은 "여호와"라는 말을 사용합니다. 이와 함께 다윗은 하나님에 대한 신뢰를 "부족함이 없으리로다" "따르리니" "살리로다" 같은 말로 표현합니다. 그래서 이러한 말은 현재형으로 번역된 이 시의 다른 동사들과 구분해 미래형으로 번역되었습니다.

이처럼 6절은 1절과 같이 하나님에 대한 신뢰의 고백입니다. 그러면 이 고백의 내용은 무엇일까요? 여기서 우리는 이 시의 내용이 어떻게 전개되는지 기억할 필요가 있습니다. 1절의 고백은 이 시 전체의 내용을 요약한 것입니다. "여호와는 나의 목자시니 내게 부족함이 없으리로다."

그런 다음 여기에 "부족함이 없으리로다"에 대한 보충 설명이 이어집니다. 어떤 점에서 부족함이 없으리라는 것일까요? 2절은 목자이신 하나님이 필요를 채우신다는 점에서 부족함이 없을 거라고 말합니다. "그가 나를 푸른 풀밭에 누이시며 쉴 만한 물 가로 인도하시는도다." 3절은 목자이신 하나님이 고통에서 건지시되 의의 길로 이끄신다는 점에서 부족함이 없을 거라고 말합니다. "내 영혼을 소생시키시고 자기 이름을 위하여 의의 길로 인도하시는도다." 4절은 목자이신 하나님이 극한 고통 속에서도 함께하신다는 점에서 부족함이 없을 거라고 말합니다. "내가 사망의 음침한 골짜기로 다닐지라도 해를 두려워하지 않을 것은 주께서 나와 함께 하심이라 주의 지팡이와 막대기가 나를 안위하시나이다." 이처럼 1-4절에서 다윗은 목자의 비유를 통해 자신이 받은 은혜에 대해 말합니다. 그 내용은 "내게 부족함이 없으리로다"라는 말로 시작해 "(내가) 해를 두려워하지 않을 것"이라는 말로 끝납니다.

그런 다음 5절에 "주께서 내 원수의 목전에서 내게 상을 차려 주시고 기름을 내 머리에 부으셨으니 내 잔이 넘치나이다"라는 구절이 이어집니다. 여기서 하나님은 4절과 마찬가지로 2인칭 "주"(당신)로 표현됩니다. 그렇지만 주목할 만한 변화가 나타납니다. 4절에서 문장의 주어는 "나" 또는 "그것들"이었으나, 5절에서는 "주"(당신)로 바뀝니다. 이

내가 사망의 음침한 골짜기로 다닐지라도

로써 다윗은 자기에게 은혜를 베푸신 분이 하나님임을 강조합니다. 따라서 이것은 사실상 은혜를 베푸신 하나님을 향한 감사의 표현입니다.

미래에 대한 확신 ·······

다윗이 4절까지 자신이 받은 은혜를 말했다면, 5절에서는 그 은혜를 베푸신 하나님께 감사를 드리고 있습니다. 이런 맥락에서 6절에 이런 고백이 나옵니다. "내 평생에 선하심과 인자하심이 반드시 나를 따르리니 내가 여호와의 집에 영원히 살리로다." 따라서 이 고백은 앞에 나온 감사에 기초한 것입니다. 앞에서 다윗은 자신이 이미 받은 은혜에 감사했습니다. 이제 다윗은 자신이 앞으로 받을 은혜에 대한 확신을 고백합니다. 그래서 "내 평생에"라는 말과 "영원히"라는 말을 사용합니다. 이 말은 본문이 미래에 대한 확신을 말하고 있음을 나타냅니다.

이때 이미 받은 은혜에 대한 감사는 앞으로 받을 은혜에 대한 믿음을 강화시키는 경향이 있습니다. 그래서 다윗은 "반드시"라는 말로써 자신의 확신을 표현합니다. "내 평생에 선하심과 인자하심이 반드시 나를 따르리니."

다윗이 앞으로 받을 은혜에 대한 확신을 어떻게 말하는지 살펴보면, 첫 번째 내용은 이렇습니다. "내 평생에 선하심과 인자하심이 반드시 나를 따르리니." 여기서 다윗은 "선하심과 인자하심"이라는 말을 사용합니다. 이 말은 여호와 하나님이 어떤 분인지를 표현한 것입니다. 성경 여러 곳에서 하나님을 선하고 인자하신 분으로 묘사하기 때문입니다(대상 16:34; 대하 5:13; 7:3; 스 3:11; 시 25:7; 86:5; 100:5; 106:1; 107:1; 118:1, 29; 136:1; 사 63:7; 렘 33:10-11).

여기서 "인자하심"(히브리어 '헤세드')은 하나님의 언약적 사랑, 즉 영원불변의 사랑을 말합니다. 이 사실을 보여주는 구절은 많습니다.

그런즉 너는 알라 오직 네 하나님 여호와는 하나님이시요 신실하신 하나님이시라 그를 사랑하고 그의 계명을 지키는 자에게는 천 대까지 그의 언약을 이행하시며 인애(인자)를 베푸시되 _ 신 7:9

이르되 이스라엘의 하나님 여호와여 천지에 주와 같은 신이 없나이다 주께서는 온 마음으로 주의 앞에서 행하는 주의 종들에게 언약을 지키시고 은혜(인자)를 베푸시나이다 _ 대하 6:14

우리 하나님이여 광대하시고 능하시고 두려우시며 언약과 인자하심을

지키시는 하나님이여 우리와 우리 왕들과 방백들과 제사장들과 선지
자들과 조상들과 주의 모든 백성이 앗수르 왕들의 때로부터 오늘까지
당한 모든 환난을 이제 작게 여기지 마옵소서 _ 느 9:32

산들이 떠나며 언덕들은 옮겨질지라도 나의 자비(인자)는 네게서 떠나
지 아니하며 나의 화평의 언약은 흔들리지 아니하리라 너를 긍휼히 여
기시는 여호와께서 말씀하셨느니라 _ 사 54:10

내 하나님 여호와께 기도하며 자복하여 이르기를 크시고 두려워할 주
하나님, 주를 사랑하고 주의 계명을 지키는 자를 위하여 언약을 지키시
고 그에게 인자를 베푸시는 이시여 _ 단 9:4

이처럼 인자는 하나님의 언약에 기초한 사랑을 말합니다. 그러기에
이 인자는 영원히 변하지 않습니다.

그런데 신명기 7장 9절에서, 모세가 처음으로 언약의 이행으로서
인애를 베푸심에 대해 말했을 때 분명히 드러난 사실은 이것입니다.
출애굽은 하나님께서 언약을 이행하시며 인애를 베푸신 사건이었다는
것입니다. 왜냐하면 바로 앞에서 출애굽에 대해 말했기 때문입니다.
"여호와께서 다만 너희를 사랑하심으로 말미암아, 또는 너희의 조상들

에게 하신 맹세를 지키려 하심으로 말미암아 자기의 권능의 손으로 너희를 인도하여 내시되 너희를 그 종 되었던 집에서 애굽 왕 바로의 손에서 속량하셨나니"(신 7:8).

출애굽이 하나님의 인자하심을 드러낸 사건이었음은 분명합니다. 성경의 여러 구절이 이 사실을 입증합니다(민 14:19; 시 106:7; 136:10-16).

이처럼 본문에 사용된 "인자하심"이라는 말은 다른 표현과 함께 이 시의 모티브가 출애굽에 있음을 보여줍니다. 이 시에는 매 구절 출애굽을 연상시키는 표현이 들어 있습니다. 그런데 특히 마지막에서 결정적으로 "인자하심"이라는 말을 통해 출애굽의 모티브를 다시 생각나게 합니다. 따라서 본문 앞에 나온 모든 내용은 하나님의 인자하심이 드러난 것을 묘사한 것으로 볼 수 있습니다. "선하심"은 바로 "인자하심"이 드러난 것을 말합니다.

이 사실은 다윗의 기도에서 나타납니다. "여호와여 주의 인자하심이 선하시오니 내게 응답하시며 주의 많은 긍휼에 따라 내게로 돌이키소서"(시 69:16). "그러나 주 여호와여 주의 이름으로 말미암아 나를 선대하소서 주의 인자하심이 선하시오니 나를 건지소서"(시 109:21).

다윗은 삶에서 하나님의 "선하심"을 체험했습니다. 하나님은 목자가 양을 돌보듯 그를 돌보셨습니다. 하나님은 그에게 공급자요 인도자요 보호자가 되어주셨습니다. 또 잔치를 베푼 주인이 손님을 대하듯 그를 환대하셨습니다. 그래서 하나님은 그로 하여금 친밀한 교제를 누리게 하셨습니다. 그런데 이러한 하나님의 "선하심"은 "인자하심"의 표현입니다. 그러기에 "인자하심"이 언약의 사랑, 영원불변의 사랑이듯 하나님의 "선하심"도 변하지 않습니다. 이 사실로부터 다윗은 장래에 대한 확신을 말합니다. "내 평생에 선하심과 인자하심이 반드시 나를 따르리니."

그러므로 이런 확신의 근거는 전적으로 하나님 자신에게 있습니다. 다윗은 자신의 체험을 근거로 확신을 말한 게 아니라, 하나님의 언약을 근거로 확신을 말한 것입니다. 그리스도인은 다윗처럼 미래에 대한 확신의 근거를 하나님의 언약에 두고 살아가는 사람입니다. 그런 사람은 암 투병 중에도 흔들리지 않는 미래에 대한 확신을 가질 수 있습니다. 하나님의 인자하심은 우리에 대한 그분의 선하심으로 나타날 것이기 때문입니다.

하나님과의 친교 · · · · · · ·

다윗이 말하는 두 번째 내용은 "내가 여호와의 집에 영원히 거하리로다"라는 것입니다. 여기서 먼저 주목할 것이 있습니다. 그것은 이 두 번째 내용이 첫 번째 내용의 연속이라는 점입니다. 앞에서 살펴본 것처럼, 이 시는 한 연이 두 마디로 이루어져 있습니다. 그런데 앞에서는 모두 첫 번째 내용과 두 번째 내용이 연속됨 없이 함께 배열되었을 뿐입니다. 그래서 그 둘 사이에는 접속사가 없습니다. 그러나 본문에서 첫 번째 내용과 두 번째 내용은 접속사로 연결되어 있습니다. 이것은 두 번째 내용이 첫 번째 내용을 토대로 한 단계 더 발전한 것임을 나타냅니다.

한글 성경은 이 점을 기술적으로 이렇게 번역했습니다. "내 평생에 선하심과 인자하심이 반드시 나를 따르리니 내가 여호와의 집에 영원히 살리로다." 이것은 두 가지 내용을 단순히 연결해 놓은 것이 아닙니다. 여기 "따르리니"에서 '니'라는 말은 앞으로 하려는 말에 대한 원인을 나타냅니다. 따라서 두 번째 내용은 첫 번째 내용의 연속이고, 첫 번째 내용을 토대로 하는 것입니다.

첫 번째 내용은 "내 평생에 선하심과 인자하심이 반드시 나를 따르리니"라는 것입니다. 이것은 살아있는 동안 하나님의 선하심과 인자하심이 함께하리라는 확신을 말한 것입니다. 그런데 이러한 확신은 살아있는 동안만이 아니라 죽음 이후까지 확대됩니다. 왜냐하면 하나님의 인자하심은 영원히 불변하기 때문입니다. 그래서 두 번째 내용이 이어

내가 사망의 음침한 골짜기로 다닐지라도

집니다. "내가 여호와의 집에 영원히 살리로다."

그러므로 현재 이 땅에서 '선하심과 인자하심이 나를 따르는' 삶과 장차 영원한 세계에서 '내가 여호와의 집에 사는' 삶 사이에는 연속성이 존재합니다. 그것은 둘 다 하나님의 인자하심을 체험하는 삶이라는 연속성입니다. 그래서 다윗은 죽음 이후에도 하나님의 인자하심을 체험하리라는 확신을 이렇게 표현한 것입니다. "내가 여호와의 집에 영원히 살리로다."

여기 "여호와의 집"은 하나님의 임재에 대한 상징적 표현입니다. 그래서 "여호와의 집"은 '성소' 또는 '성전' 등과 같은 것으로 언급됩니다(시 27:4; 65:4; 134:1-2). 따라서 '여호와의 집에 사는' 것은 하나님의 임재를 체험하는 것을 의미합니다.

그런데 앞에서 하나님의 임재를 체험하는 것은 친밀한 식사 교제로 묘사되었습니다. "주께서 내 원수의 목전에서 내게 상을 차려 주시고 기름을 내 머리에 부으셨으니 내 잔이 넘치나이다"(5절). 따라서 "내가 여호와의 집에 영원히 살리로다"라는 말은 이러한 친교를 가리킵니다. 이 땅에서 하나님과의 친교를 경험한 사람은 그러한 친교를 영원히 더 풍성하게 경험할 것입니다.

이 점은 앞서 인용한 말씀(시 27:4)에서 잘 나타납니다. 거기 보면, "여호와의 집에 사는" 목적은 "여호와의 아름다움을 바라보며 그의 성전에서 사모하는 그것"입니다. 이때 "바라보다"라는 말은 주시하고 눈여겨보는 것, 주의 깊게 살펴보는 것을 의미합니다(시 11:7; 17:15; 63:2). 이것은 가까이서 보는 것을 가리킵니다. 또 '사모하다'라는 말은 물어보는 것을 의미합니다(왕하 16:15). 따라서 "여호와의 집에 사는" 목적은 친밀한 교제에 있습니다. 이 점은 새번역성경에서 잘 나타납니다. "주님, 나에게 단 하나의 소원이 있습니다. 나는 오직 그 하나만 구하겠습니다. 그것은 한평생 주님의 집에 살면서 주님의 자비로우신 모습을 보는 것과, 성전에서 주님과 의논하면서 살아가는 것입니다."

이러한 하나님과의 친밀한 교제는 이 땅에서부터 시작됩니다. 그리고 이 교제는 점점 더 깊어지며 영원히 계속될 것입니다.

암 투병 중에 드리는 기도

내 목자이신 하나님, 감사합니다.
하나님은 암 투병 중인 내게 이미 선을 베푸셨습니다.
그래서 목자가 양을 돌보듯 나를 돌보셨습니다.

하나님은 앞으로도 나를 그렇게 돌보아주실 것입니다.
왜냐하면 그 돌보심은 하나님의 인자하심에서 비롯된 것이기 때문입니다.
나는 언약에 기초한 이 변함없는 사랑에 의지하여
미래에 대한 확신을 말할 수 있습니다.
"내 평생에 선하심과 인자하심이 반드시 나를 따를 것입니다."
이 확신은 살아있는 동안뿐 아니라 죽음 이후까지도 포함합니다.
이 땅에서 하나님의 인자하심을 체험한 사람은
영원히 그것을 체험할 것입니다.

내 목자이신 하나님,
이 확신이 어떤 상황에서도 흔들리지 않는
내 소망의 근거가 되게 하소서.

예수님의 이름으로 기도합니다. 아멘.

암투병 중에 시편 암송이 준 평안

3부

시편 121편

10
내가 산을 향하여 눈을 들리라

내 연약한 몸과 슬픈 마음이
천지를 지으신 만군의 여호와께 도움을 구합니다

"내가 산을 향하여 눈을 들리라 나의 도움이 어디서 올까
나의 도움은 천지를 지으신 여호와에게서로다"

_ 시 121:1-2

암에 걸린 사람은 암에 대한 정보를 얻거나 암에서 치유된 사람의 이야기를 듣는 데 마음을 빼앗기기 쉽습니다. 그래서 사람들의 말을 듣느라 하나님께 도움을 구하지 않게 됩니다. 나는 치료받는 동안 의사의 처방과 지시에 충실히 따랐습니다. 따로 인터넷에서 암에 대한 글을 찾아 읽거나 다른 사람의 조언을 구할 필요가 없었습니다. 그러면서 하나님께 도움을 구하는 일에 마음을 집중했습니다. 그래서 시편

121편을 자주 외우면서 하나님의 도움을 구하곤 했습니다. "내가 산을 향하여 눈을 들리라 나의 도움이 어디서 올까 나의 도움은 천지를 지으신 여호와에게서로다."

이 시는 "성전에 올라가는 노래"라는 표제가 붙어 있는 열다섯 편의 시(120-134편) 중 하나입니다. 이 노래들은 절기를 지키기 위해 예루살렘으로 올라가는 순례자들이 부른 것으로 보입니다. 이스라엘 백성의 모든 남자는 매년 세 차례, 무교절과 맥추절(칠칠절)과 수장절(초막절)에 예루살렘에 있는 성전에 올라가야 했습니다(출 23:14-17; 신 16:16).

어디서 도움을 구할까 ·······

이 시는 이렇게 시작됩니다. "내가 산을 향하여 눈을 들리라 나의 도움이 어디서 올까." 이 뜻을 알기 위해서 먼저 주목할 것은 이 시의 형식입니다. 이 시는 두 행씩 네 연으로 이루어져 있습니다.

내가 산을 향하여 눈을 들리라 나의 도움이 어디서 올까
나의 도움은 천지를 지으신 여호와에게서로다

내가 사망의 음침한 골짜기로 다닐지라도

여호와께서 너를 실족하지 아니하게 하시며 너를 지키시는 이가 졸지 아니하시리로다

이스라엘을 지키시는 이는 졸지도 아니하시고 주무시지도 아니하시리로다

여호와는 너를 지키시는 이시라 여호와께서 네 오른쪽에서 네 그늘이 되시나니

낮의 해가 너를 상하게 하지 아니하며 밤의 달도 너를 해치지 아니하리로다

여호와께서 너를 지켜 모든 환난을 면하게 하시며 또 네 영혼을 지키시리로다

여호와께서 너의 출입을 지금부터 영원까지 지키시리로다

이때 각 연의 첫 행은 두 마디씩 짝을 이루는 내용으로 되어 있습니다.

내가 산을 향하여 눈을 들리라 / 나의 도움이 어디서 올까

여호와께서 너를 실족하지 아니하게 하시며 / 너를 지키시는 이가 졸지

아니하시리로다

여호와는 너를 지키시는 이시라 / 여호와께서 네 오른쪽에서 네 그늘이

되시나니

여호와께서 너를 지켜 모든 환난을 면하게 하시며 / 또 네 영혼을 지키

시리로다

이 사실은 짝을 이루는 두 마디가 하나의 시상을 표현한 것을 나타
냅니다. 따라서 "내가 산을 향하여 눈을 들리라"는 말과 "나의 도움이
어디서 올까"라는 말은 각각 다른 내용을 말한 게 아닙니다. 그 둘은 하
나의 내용을 두 가지로 말한 것입니다.

여기서 "산"은 비유적으로 하나님을 가리킨다고 볼 수 있는데, 그 근
거가 있습니다. 여기 "산"은 원래 복수형으로 되어 있습니다. 그런데
"성전에 올라가는 노래"라는 표제가 붙어 있는 열다섯 편의 시 가운데
같은 말이 사용된 곳이 한 군데 더 있습니다. "산들이 예루살렘을 두름
과 같이 여호와께서 그 백성을 지금부터 영원까지 두르시리로다"(시
125:2). 여기서 "산"은 비유적으로 "여호와"를 가리킵니다. 그렇다면 본
문에서도 "산"은 비유적으로 하나님을 가리킨다고 볼 수 있습니다.

또 "눈을 들리라"는 말도 이 사실을 뒷받침해 줍니다. 여기 "눈을 들
리라"는 그냥 눈으로 보는 것을 말하지 않습니다. 이 말은 마음에 기대

를 갖고 보는 것을 말합니다. 같은 표현이 시편을 통틀어 한 번 더 나옵니다. 이것도 열다섯 편의 "성전에 올라가는 노래" 중에 들어 있습니다. "하늘에 계시는 주여 내가 눈을 들어 주께 향하나이다 상전의 손을 바라보는 종들의 눈 같이, 여주인의 손을 바라보는 여종의 눈 같이 우리의 눈이 여호와 우리 하나님을 바라보며 우리에게 은혜 베풀어 주시기를 기다리나이다"(시 123:1-2). 여기서도 "눈을 들어"는 단순히 눈으로 보는 것을 말하지 않습니다. 이 말은 마음에 기대를 갖고 보는 것을 말합니다.

중요한 것은, "눈을 들어"라는 말이 하나님을 대상으로 한다는 점입니다. "하늘에 계시는 주여 내가 눈을 들어 주께 향하나이다." 그렇다면 본문에서도 "눈을 들리라"는 하나님이 대상인 것으로 볼 수 있고, 그럴 경우 "산"은 하나님을 비유적으로 가리키는 말이 됩니다.

이처럼 본문에서 "산(들)"은 비유적으로 하나님을 가리킵니다. 이 경우 "내가 산을 향하여 눈을 들리라 나의 도움이 어디서 올까"는 하나님을 믿기 때문에 그분께 도움을 구하는 사람의 말이 됩니다. 그 사람은 문제 앞에서 다른 것이 아닌 하나님에게서 해결책을 찾으려고 한 것입니다.

우리는 문제 앞에서 하나님께 도움을 구하고 있나요, 아니면 다른 것에서 도움을 구하고 있나요? 성도는 하나님을 믿기에 어떤 문제 앞에서도 하나님께 도움을 구합니다. 시편에는 그런 성도들의 말이 많이 나옵니다(시 33:20; 54:1-4; 70:5; 79:9; 109:26; 119:86, 173, 175).

이렇게 하나님께 도움을 구할 때 성도들은 실제로 하나님의 도움을 얻습니다. 그래서 그들은 이렇게 말하게 됩니다.

여호와를 찬송함이여 내 간구하는 소리를 들으심이로다 여호와는 나의 힘과 나의 방패이시니 내 마음이 그를 의지하여 도움을 얻었도 다 그러므로 내 마음이 크게 기뻐하며 내 노래로 그를 찬송하리로다 _ 시 28:6-7

여호와여 내가 주께 부르짖고 여호와께 간구하기를 내가 무덤에 내려 갈 때에 나의 피가 무슨 유익이 있으리요 진토가 어떻게 주를 찬송하 며 주의 진리를 선포하리이까 여호와여 들으시고 내게 은혜를 베푸소 서 여호와여 나를 돕는 자가 되소서 하였나이다 주께서 나의 슬픔이 변하여 내게 춤이 되게 하시며 나의 베옷을 벗기고 기쁨으로 띠 띠우 셨나이다 _ 시 30:8-11

여호와께서 그들을 도와 건지시되 악인들에게서 건져 구원하심은 그 를 의지한 까닭이로다 _ 시 37:40

사무엘상 7장에는 블레셋 사람이 이스라엘을 치러 온 사건이 기록되어 있습니다. 그때 이스라엘 자손은 블레셋 사람이 두려워서 사무엘에게 이렇게 요청했습니다. "당신은 우리를 위하여 우리 하나님 여호와께 쉬지 말고 부르짖어 우리를 블레셋 사람들의 손에서 구원하시게 하소서"(삼상 7:8). 그러자 사무엘은 여호와께 부르짖었고, 그 결과 여호와께서 블레셋 사람을 이스라엘 앞에서 패하게 하셨습니다. 그때 사무엘은 돌을 취하여 미스바와 센 사이에 세우며 말했습니다. "여호와께서 여기까지 우리를 도우셨다." 그래서 그 이름을 "에벤에셀"(도움의 돌)이라고 했습니다(삼상 7:12).

그렇다면 오늘 우리는 어떤가요? 우리도 과거 성도들처럼 하나님께 도움을 구하고 있나요? 존 파이퍼는 컴퓨터 모니터에 "Help!"라고 써서 붙여 놓았다고 합니다. 그것은 이메일을 쓰거나 설교를 준비할 때 늘 하나님의 도움을 구하기 위해서입니다. 그는 한 콘퍼런스에서 이사야 41장 10절을 "내 생애에서 가장 자주 의지하는 약속"이라고 소개했습니다. 그 내용은 하나님께서 도와주실 거라는 약속입니다. "두려워하지 말라 내가 너와 함께 함이라 놀라지 말라 나는 네 하나님이 됨이라 내가 너를 굳세게 하리라 참으로 너를 도와주리라 참으로 나의 의로운 오른손으로 너를 붙들리라."

우리도 암 투병의 문제 앞에서 하나님께 도움을 구합시다. 우리도 시편 기자처럼 말합시다. "내가 산을 향하여 눈을 들리라 나의 도움이 어디서 올까."

천지를 지으신 여호와 ·······

시편 기자는 이 물음에 대해 스스로 대답합니다. "나의 도움은 천지를 지으신 여호와에게서로다." 여기 사용된 "천지를 지으신"이라는 표현은 시편에 네 번 더 나옵니다(시 115:15; 124:8; 134:3; 146:5-6).

그러면 시편 기자가 이 표현을 여호와께 사용한 이유는 무엇일까요? 그것은 여호와 하나님을 다른 신, 즉 우상들과 구별하기 위해서입니다. 여호와 하나님은 천지를 지으신 분이라는 점에서 다른 모든 신과 구별됩니다. 그래서 우상들은 "천지를 짓지 아니한 신들"(렘 10:8-11)로 불립니다.

반대로, 여호와 하나님은 "천지를 지으신 여호와"로 불립니다.

그들의 우상들은 은과 금이요 사람이 손으로 만든 것이라 입이 있어도 말하지 못하며 눈이 있어도 보지 못하며 귀가 있어도 듣지 못하며 코가 있어도 냄새 맡지 못하며 손이 있어도 만지지 못하며 발이 있어도 걷지 못하며 목구멍이 있어도 작은 소리조차 내지 못하느니라 우상들을 만드는 자들과 그것을 의지하는 자들이 다 그와 같으리로다 이스라엘아 여호와를 의지하라 그는 너희의 도움이시요 너희의 방패시로다 아론의 집이여 여호와를 의지하라 그는 너희의 도움이시요 너희의 방패시로다 여호와를 경외하는 자들아 너희는 여호와를 의지하여라 그는 너희의 도움이시요 너희의 방패시로다 여호와께서 우리를 생각하사 복을 주시되 이스라엘 집에도 복을 주시고 아론의 집에도 복을 주시며 높은 사람이나 낮은 사람을 막론하고 여호와를 경외하는 자들에게 복을 주시리로다 여호와께서 너희를 곧 너희와 너희의 자손을 더욱 번창하게 하시기를 원하노라 너희는 천지를 지으신 여호와께 복을 받는 자로다 _ 시 115:4-15

이처럼 여호와는 창조주로서 유일하신 참 하나님입니다. 하나님께서 친히 그 사실을 말씀하셨습니다. "네 구속자요 모태에서 너를 지은 나 여호와가 이같이 말하노라 나는 만물을 지은 여호와라 홀로 하늘을 폈으며 나와 함께 한 자 없이 땅을 펼쳤고"(사 44:24). "대저 여호와께서 이같이 말씀하시되 하늘을 창조하신 이 그는 하나님이시니 그가 땅을 지으시고 그것을 만드셨으며 그것을 견고하게 하시되 혼돈하게 창조하지 아니하시고 사람이 거주하게 그것을 지으셨으니 나는 여호와라

나 외에 다른 이가 없느니라"(사 45:18).

그래서 사도 바울은 우상숭배하는 사람들에게 하나님을 창조주로서 소개하곤 했습니다(행 14:15; 17:22-25). 그가 하나님을 창조주로서 소개한 목적은 하나님의 유일성을 강조하기 위함입니다. "그러므로 우상의 제물을 먹는 일에 대하여는 우리가 우상은 세상에 아무 것도 아니며 또한 하나님은 한 분밖에 없는 줄 아노라 비록 하늘에나 땅에나 신이라 불리는 자가 있어 많은 신과 많은 주가 있으나 그러나 우리에게는 한 하나님 곧 아버지가 계시니 만물이 그에게서 났고 우리도 그를 위하여 있고 또한 한 주 예수 그리스도께서 계시니 만물이 그로 말미암고 우리도 그로 말미암아 있느니라"(고전 8:4-6).

이렇게 하나님을 "천지를 지으신 여호와"로서 우상들과 구별하는 것은 중요합니다. 우선 그것은 우리에게 우상을 의지하는 것이 헛되다는 사실을 말해 줍니다. "나 여호와가 말하노니 너희 우상들은 소송하라 야곱의 왕이 말하노니 너희는 확실한 증거를 보이라 장차 당할 일을 우리에게 진술하라 또 이전 일이 어떠한 것도 알게 하라 우리가 마음에 두고 그 결말을 알아보리라 혹 앞으로 올 일을 듣게 하며 뒤에 올 일을 알게 하라 그리하면 너희가 신들인 줄 우리가 알리라 또 복을 내리든지 재난을 내리든지 하라 우리가 함께 보고 놀라리라 보라 너희는 아무것도 아니며 너희 일은 허망하며 너희를 택한 자는 가증하니라"(사

41:21-24).

　반대로, 그것은 하나님을 의지하는 것이 헛되지 않다는 것을 말해줍니다. "천지를 지으신 여호와"로서 하나님은 권세와 능력, 지혜와 명철로써 우리를 능히 도우십니다. 이 사실을 보여주는 성경구절이 여럿 있습니다.

　여호와께서 그의 권능으로 땅을 지으셨고 그의 지혜로 세계를 세우셨고 그의 명철로 하늘을 펴셨으며 그가 목소리를 내신즉 하늘에 많은 물이 생기나니 그는 땅 끝에서 구름이 오르게 하시며 비를 위하여 번개치게 하시며 그 곳간에서 바람을 내시거늘 사람마다 어리석고 무식하도다 은장이마다 자기의 조각한 신상으로 말미암아 수치를 당하나니 이는 그가 부어 만든 우상은 거짓 것이요 그 속에 생기가 없음이라 그것들은 헛 것이요 망령되이 만든 것인즉 징벌하실 때에 멸망할 것이나 야곱의 분깃은 이같지 아니하시니 그는 만물의 조성자요 이스라엘은 그의 기업의 지파라 그 이름은 만군의 여호와시니라 _ 렘 10:12-16

또 이사야서에는 이런 내용이 나옵니다.

　우상은 장인이 부어 만들었고 장색이 금으로 입혔고 또 은 사슬을 만든 것이니라 궁핍한 자는 거제를 드릴 때에 썩지 아니하는 나무를 택하고 지혜로운 장인을 구하여 우상을 만들어 흔들리지 아니하도록 세우느니라 너희가 알지 못하였느냐 너희가 듣지 못하였느냐 태초부터 너희에게 전하지 아니하였느냐 땅의 기초가 창조될 때부터 너희가 깨닫지 못하였느냐 그는 땅 위 궁창에 앉으시나니 땅에 사는 사람들은 메뚜기 같으니라 그가 하늘을 차일 같이 펴셨으며 거주할 천막 같이 치셨고 귀인들을 폐하시며 세상의 사사들을 헛되게 하시나니 그들은 겨우 심기고 겨우 뿌려졌으며 그 줄기가 겨우 땅에 뿌리를 박자 곧 하나님이 입김을 부시니 그들은 말라 회오리바람에 불려 가는 초개 같도다 거룩하신 이가 이르시되 그런즉 너희가 나를 누구에게 비교하여 나를 그와 동등하게 하겠느냐 하시니라 너희는 눈을 높이 들어 누가 이 모든 것을 창조하였나 보라 주께서는 수효대로 만상을 이끌어 내시고 그들의 모든 이름을 부르시나니 그의 권세가 크고 그의 능력이 강하므로 하나도 빠짐이 없느니라 _ 사 40:19-26

그런 다음 이런 말씀이 이어집니다.

야곱아 어찌하여 네가 말하며 이스라엘아 네가 이르기를 내 길은 여호와께 숨겨졌으며 내 송사는 내 하나님에게서 벗어난다 하느냐 너는 알지 못하였느냐 듣지 못하였느냐 영원하신 하나님 여호와, 땅 끝까지 창조하신 이는 피곤하지 않으시며 곤비하지 않으시며 명철이 한이 없으시며 피곤한 자에게는 능력을 주시며 무능한 자에게는 힘을 더하시나니 소년이라도 피곤하며 곤비하며 장정이라도 넘어지며 쓰러지되 오직 여호와를 앙망하는 자는 새 힘을 얻으리니 독수리가 날개치며 올라감 같을 것이요 달음박질하여도 곤비하지 아니하겠고 걸어가도 피곤하지 아니하리로다 _ 사 40:27-31

이처럼 하나님은 "천지를 지으신 여호와"의 권세와 능력, 지혜와 명철로써 우리를 능히 도우십니다. 이러한 도움을 경험한 사람이 바로 히스기야 왕입니다. 앗수르 왕 산헤립은 히스기야 왕에게 사자를 보내 말했습니다. "너는 네가 신뢰하는 하나님이 예루살렘이 앗수르 왕의 손에 넘어가지 아니하리라 하는 말에 속지 말라 앗수르 왕들이 모든 나라에 어떤 일을 행하였으며 그것을 어떻게 멸절시켰는지 네가 들었으리니 네가 구원을 받겠느냐 나의 조상들이 멸하신 열방 고산과 하란과 레셉과 및 들라살에 있는 에덴 자손을 그 나라들의 신들이 건졌더냐 하맛 왕과 아르밧 왕과 스발와임 성의 왕과 헤나 왕과 이와 왕이 어디 있느냐"(사 37:10-13).

그때 히스기야는 여호와의 전에 올라가서 이렇게 기도했습니다.

"그룹 사이에 계신 이스라엘 하나님 만군의 여호와여 주는 천하 만국에 유일하신 하나님이시라 주께서 천지를 만드셨나이다 여호와여 귀를 기울여 들으시옵소서 여호와여 눈을 뜨고 보시옵소서 산헤립이 사람을 보내어 살아 계시는 하나님을 훼방한 모든 말을 들으시옵소서 여호와여 앗수르 왕들이 과연 열국과 그들의 땅을 황폐하게 하였고 그들의 신들을 불에 던졌사오나 그들은 신이 아니라 사람의 손으로 만든 것일 뿐이요 나무와 돌이라 그러므로 멸망을 당하였나이다 우리 하나님 여호와여 이제 우리를 그의 손에서 구원하사 천하 만국이 주만이 여호와이신 줄을 알게 하옵소서"(사 37:16-20).

히스기야는 천지를 지으신 여호와께 도움을 구했습니다. 그렇게 했을 때 하나님은 그를 도와주셨습니다. 여호와의 사자가 앗수르 군대를 쳤고, 앗수르 왕 산헤립은 본국으로 돌아가서 아들의 칼에 죽고 말았습니다.

우리도 천지를 지으신 여호와께 도움을 구합시다. 그분의 권세와 능력, 지혜와 명철을 의지합시다. 그분이 돕지 못할 일은 아무것도 없습니다. 비록 우리가 암에 걸렸다고 할지라도 하나님은 얼마든지 도우실 수 있습니다. 우리도 시편 기자처럼 말합시다. "내가 산을 향하여 눈을 들리라 나의 도움이 어디서 올까 나의 도움은 천지를 지으신 여호와에게서로다."

암 투병 중에 드리는 기도

천지를 지으신 여호와 하나님,
인생을 살다가 도움이 필요할 때 하나님을 기억하게 하소서.
하나님은 온 우주 만물을 지으신 전능한 분이시니
우리의 어떤 필요에도 돕지 못하실 것이 없습니다.

세상 사람들은 우상에게 도움을 구하지만
우상은 죽은 것이어서 아무런 도움도 줄 수 없는 헛것일 뿐입니다.
그러나 하나님은 살아계셔서 무한한 권세를 가진 분이시니
하나님만 홀로 우리를 도우실 수 있습니다.

암으로 인한 고통 속에서 낙담하여
탄식하거나 두려움에 슬퍼하지 않게 하시고
천지를 지으신 여호와 하나님께로 믿음의 눈을 들게 하소서.

예수님의 이름으로 기도합니다. 아멘.

11
이스라엘을 지키시는 이

인자를 베푸시는 여호와여, 모든 것이 흔들리더라도
당신은 나를 떠나지 않고 지키심을 확신합니다

"여호와께서 너를 실족하지 아니하게 하시며
너를 지키시는 이가 졸지 아니하시리로다
이스라엘을 지키시는 이는 졸지도 아니하시고 주무시지도 아니하시리로다"
_ 시 121:3-4

나는 항암치료를 받는 중에 남산을 자주 가곤 했습니다. 처음에는
의사의 권고대로 무리하지 않는 선에서 운동하려고 갔습니다. 그런데
언제부터인가 남산에 가는 것이 기쁨이 되었습니다. 한번은 남산에 갔
는데, 불과 100미터도 오르지 못하고 돌아서야 했습니다. 그럴 만큼
체력이 회복되지 않았는데도 산에 오르고 싶었던 것입니다.

항암주사를 맞고 나서 2주 정도 바깥활동을 못하다가 산에 가는 것은 그 자체가 기쁨이었습니다. 그렇게 산을 오르면서 시편을 암송하다 보면 또 다른 기쁨을 맛볼 수 있었습니다. 비록 치료의 결과는 알 수 없지만, 암 투병 중에 나를 지키실 하나님을 더욱 신뢰하게 되었기 때문입니다.

이 시의 첫째 연에서 시편 기자는 1인칭 단수를 써서 말했습니다. "내가 산을 향하여 눈을 들리라 나의 도움이 어디서 올까 나의 도움은 천지를 지으신 여호와에게서로다"(1-2절). 그런데 이 시의 둘째 연부터는 2인칭 단수를 써서 말합니다. "여호와께서 너를 실족하지 아니하게 하시며 너를 지키시는 이가 졸지 아니하시리로다 이스라엘을 지키시는 이는 졸지도 아니하시고 주무시지도 아니하시리로다"(3-4절). 이것은 시편 기자가 남에게 말하는 것이 아니라 자신에게 말하는 것입니다. 시편에는 이런 형식이 가끔 나타나기 때문입니다(시 42:1-5; 103:1-5). 이때 "여호와께서"라고 번역된 것은 '그가'로 바꿔야 합니다. 여기 '그'는 앞에서 말한 "천지를 지으신 여호와"를 가리킵니다. 따라서 시편 기자가 말한 것은 '천지를 지으신 여호와께서 너를 실족하지 아니하게 하시며'가 됩니다. 이것은 창조주로서 하나님의 크신 능력과 지혜가 자신을 실족하지 않게 하실 거라는 의미입니다.

실족하지 아니하게 하시는 하나님 ·······

주목할 것은 시편 기자가 사용한 "너를 실족하지 아니하게 하시며"라는 표현입니다. 이 말은 직역하면 '네 발의 흔들림(움직임 또는 미끄러짐)을 허락하지 않으시며'가 됩니다. 이것은 하나님께서 삶의 기초가 흔들리는 상황을 허락하지 않으시는 것을 비유적으로 표현한 것입니다. 그런데 이는 그분의 언약과 관련이 있습니다.

시편에는 이렇게 하나님께서 발의 흔들림을 허락하지 않으신 것을 말한 곳이 두 번 더 나옵니다. 두 경우 모두 하나님의 인자하심에서 비롯된 것입니다. "그는 우리 영혼을 살려 두시고 우리의 실족함을 허락하지 아니하시는 주시로다 … 하나님을 찬송하리로다 그가 내 기도를 물리치지 아니하시고 그의 인자하심을 내게서 거두지도 아니하셨도다"(시 66:9, 20). "여호와여 나의 발이 미끄러진다고 말할 때에 주의 인자하심이 나를 붙드셨사오며"(시 94:18).

앞서 말했듯이, 이 "인자하심"(히브리어 '헤세드')은 하나님의 언약적 사랑을 나타내는 단어입니다. 하나님께서 자기 백성과 세운 언약의 핵심이 헤세드입니다. 따라서 "여호와께서 너를 실족하지 아니하게 하시며"라는 말은 언약에 기초한 것입니다.

내가 사망의 음침한 골짜기로 다닐지라도

지키시는 하나님 ·······

이 사실은 그 뒤에 이어지는 내용에서도 드러납니다. "너를 지키시는 이가 졸지 아니하시리로다." 이 말은 "여호와께서 너를 실족하지 아니하게 하시며"와 사실상 같은 것을 말한 것입니다. 여호와께서 졸지 않고 지키시니까 실족하지 않는 것입니다.

주목할 것은, 시편 기자가 "천지를 지으신 여호와"를 가리켜 "너를 지키시는 이"로 말한 것입니다. 여기서 '지키다'(히브리어 '샤마르')라는 말이 처음 나옵니다. 그리고 이 말은 그 뒤로 반복해서 나타납니다. "이스라엘을 지키시는 이는 졸지도 아니하시고 주무시지도 아니하시리로다 여호와는 너를 지키시는 이시라 … 여호와께서 너를 지켜 모든 환난을 면하게 하시며 또 네 영혼을 지키시리로다 여호와께서 너의 출입을 지금부터 영원까지 지키시리로다"(4-5, 7-8절).

시편 기자가 이 시를 통해 특별히 강조한 것은, 하나님께서 자신을 지키신다는 확신입니다. 그러면 이러한 확신의 근거는 무엇일까요? 그것은 하나님의 인자하심(헤세드)입니다. 왜냐하면 하나님께 사용된 '지키다'(샤마르)라는 말은 이 언약적 사랑의 표현이기 때문입니다. 성경에서 '지키다'(샤마르)라는 말이 처음 하나님께 사용된 곳은 창세기 28장 15절입니다. "내가 너와 함께 있어 네가 어디로 가든지 너를 지키며 너를 이끌어 이 땅으로 돌아오게 할지라 내가 네게 허락한 것을 다 이루기까지 너를 떠나지 아니하리라." 이것은 형 에서를 피해 외삼촌 집으로 가다가 돌을 베개하고 자던 야곱에게 하나님께서 꿈에 나타나 주신 약속입니다. 이때 하나님은 아브라함에게 언약으로 주신 약속을 야곱에게도 주시며 말씀하신 것입니다.

여기서 하나님께서 야곱을 지키실 거라는 약속은 언약적 사랑의 표현입니다. 이 사실은 그가 나중에 외삼촌 집에서 돌아와 형 에서를 만날 때 기도한 내용에서 분명히 드러납니다. 그는 그동안 자신을 지켜주신 하나님께 이렇게 말했습니다. "나는 주께서 주의 종에게 베푸신 모든 은총과 모든 진실하심을 조금도 감당할 수 없사오나 내가 내 지팡이만 가지고 이 요단을 건넜더니 지금은 두 떼나 이루었나이다"(창 32:10). 이것은 하나님이 약속대로 자기를 지켜주셨음을 말한 것입니다. 그는 이 사실을 가리켜 "모든 은총(헤세드)과 모든 진실하심"이라고 표현했습니다. 하나님이 야곱을 지켜주신 것은 그분의 언약적 사랑이 나타난 것입니다.

출애굽기 21-23장은, 하나님이 시내광야에서 모세를 통해 이스라엘 자손에게 말씀하신 율례를 기록한 것입니다. 이것은 언약서로 불리는데(출 24:7-8), 결론은 이런 내용입니다. 하나님이 그들을 가나안 땅으로 인도하시고 그 땅 백성을 쫓아내실 것이므로, 이스라엘 자손은 다른 신을 섬기지 말고 여호와를 섬기라는 것입니다. 그 내용 중에 하나님이 이스라엘 자손을 지키실 거라는 약속이 나옵니다. "내가 사자를 네 앞서 보내어 길에서 너를 보호하여(샤마르) 너를 내가 예비한 곳에 이르게 하리니"(출 23:20). 이처럼 하나님께서 이스라엘 자손을 지키실 거라는 약속은 언약에 기초한 것입니다.

하나님께 사용된 '지키다'라는 말이 언약에 기초한 점은 다윗의 삶에서 잘 드러납니다. 다윗은 하나님이 자신을 지키시는 것이 그분의 언약적 사랑인 인자에서 비롯된 것임을 알았습니다. 그래서 시편 17편 7-8절에서 이렇게 기도했습니다. "주께 피하는 자들을 그 일어나 치는 자들에게서 오른손으로 구원하시는 주여 주의 기이한 사랑(개역한글, 인자)을 나타내소서 나를 눈동자 같이 지키시고 주의 날개 그늘 아래에 감추사." 이때 하나님이 눈동자같이 지키시는 것은 그분의 인자를 나타내는 것입니다.

또 시편 25편 20절에서 다윗은 하나님께 기도했습니다. "내 영혼을 지켜 나를 구원하소서." 이 기도도 하나님의 언약에 기초한 것입니다. 다윗은 앞에서 "인자하심"과 "언약"을 반복해서 언급했던 것입니다(시 25:6-7, 10, 14).

마찬가지로, 시편 86편 2절에서도 다윗은 하나님께 기도했습니다. "나는 경건하오니 내 영혼을 보존하소서(샤마르)." 그런 다음 그렇게 기도하는 근거를 말합니다. "(왜냐하면) 주는 선하사 사죄하기를 즐거워하시며 주께 부르짖는 자에게 인자함이 후하심이니이다"(시 86:5).

이처럼 하나님께 사용된 '지키다'(샤마르)라는 말은 그분의 언약적 행동을 가리킵니다. 따라서 본문에서 시편 기자가 하나님을 가리켜 "너를 지키시는 이"로 말한 것은 언약에 기초한 것입니다.

여기서 시편 기자의 생각은 한 걸음 더 나아갑니다. "이스라엘을 지키시는 이는 졸지도 아니하시고 주무시지도 아니하시리로다." 그는 "너를 지키시는 이"에서 "이스라엘을 지키시는 이"로 확대해서 말합니다. 하나님의 언약 백성인 이스라엘에게는 하나님의 인자하심이 있기 때문입니다(시 118:2; 130:7).

이처럼 성경에서 하나님이 지키실 거라는 확신은 언약에 기초한 것입니다. 그래서 우리는 언약의 핵심인 하나님의 인자에 근거해 하나님의 보호를 확신할 수 있습니다. 칼빈은 말했습니다. "우리 모두가 스스로 하나님께서 내게 은혜를 베풀어주실 것이라는 확신을 가지려 한다면, 항상 하나님의 모든 백성에게 맺어주신 일반적인 언약에서부터 시작할 필요가 있다." 그렇다면 우리는 하나님의 언약 백성인가요? 사도 바울이 말한 대로 우리는 "하나님의 이스라엘"(갈 6:16)인가요?

마지막으로, 우리가 한 가지 더 주목할 것이 있습니다. 그것은 본문이 특별히 부정문으로 되어 있다는 점입니다. "여호와께서 너를 실

족하지 아니하게 하시며 너를 지키시는 이가 졸지 아니하시리로다 이
스라엘을 지키시는 이는 졸지도 아니하시고 주무시지도 아니하시리
로다."

시편 기자가 이렇게 말한 까닭은 성도들의 경험을 고려했기 때문입
니다. 성도들은 실제로 실족하는 것 같은 경험을 할 때가 있습니다. 다
윗도 이렇게 말한 적이 있습니다. "내가 말하기를 두렵건대 그들이 나
때문에 기뻐하며 내가 실족할 때에 나를 향하여 스스로 교만할까 하였
나이다"(시 38:16). 그러나 우리가 언약에 기초해서 하나님의 인자하심
을 기대한다면 스스로 자신에게 이렇게 말할 수 있습니다. "여호와께
서 너를 실족하지 아니하게 하시며."

또 성도들은 마치 하나님이 졸거나 주무셔서 자신들을 지키시지 못
하는 것 같은 경험을 할 때가 있습니다. 그러나 우리가 언약에 기초해
하나님의 인자하심을 기대한다면 자신에게 이렇게 말할 수 있습니다.
"너를 지키시는 이가 졸지 아니하시리로다."

그런데 시편 기자는 이렇게만 말하지 않았습니다. 그는 이 사실을
더욱 강조해서 말했습니다. "이스라엘을 지키시는 이는 졸지도 아니하
시고 주무시지도 아니하시리로다." 여기 맨 앞에 '보라'(진실로)라는 뜻
의 히브리어 감탄사가 나옵니다. 게다가 "주무시지도 아니하시리로다"
라는 말이 추가됩니다. 이것은 특별한 강조입니다. 하나님이 자기의

언약 백성을 지키시지 못하는 경우는 결코 없을 거라는 의미를 전달하는 것입니다. 그들이 비록 암 투병 중일지라도 말입니다.

암 투병 중에 드리는 기도

하나님 아버지,
인생의 문제 앞에서 실족하지 않도록
나를 지키시니 감사합니다.
하나님께서 이렇게 하시는 것은 언제나 변함없는 언약 때문입니다.
그러기에 모든 것이 변하고 불확실한 삶 속에서도
내 영혼은 하나님의 신실하신 보호 안에서 안전합니다.

나로 하여금 예수 그리스도의 피로 세운 언약 안에 있음을 알게 하시고
그 안에서 내게 베푸시는 하나님의 인자하심을 의지하게 하소서.
그래서 간혹 실족하는 것 같고 보호받지 못하는 것 같은 상황에서도
이 확신을 잃지 않게 하소서.
하나님이 자기의 언약 백성을 지키시지 못하는 경우는
결코 없을 것입니다!

예수님의 이름으로 기도합니다. 아멘.

12
오른쪽 그늘 되신 여호와

나를 위하여 모든 것을 이루시는 하나님,
내 곁에서 나를 보호하소서

"여호와는 너를 지키시는 이시라 여호와께서 네 오른쪽에서 네 그늘이 되시나니
낮의 해가 너를 상하게 하지 아니하며 밤의 달도 너를 해치지 아니하리로다"
_ 시 121:5-6

우리는 건강할 때도 하나님을 알 수 있지만, 암 투병 중에 하나님을
더욱 잘 알 수 있습니다. 하나님의 임재는 고통 속에서 더 잘 드러나기
때문입니다. 나는 암 투병하는 과정 속에서 하나님의 임재를 한층 더
경험할 수 있었습니다. 나는 치료받는 동안 할 수만 있으면 아침에 성
경을 읽었습니다. 혼자 산책할 때면 시편을 외우거나 하나님께 기도했
습니다. 몸은 힘들고 고통스러워도 마음은 평안하고 영혼은 맑아졌습

니다. 조금이라도 죄에서 멀어져 하나님을 닮아 거룩한 사람이 되고 싶었습니다. 그리고 내 곁에서 나를 지키시는 하나님께 의지했습니다.

시편 121편의 키워드가 '지키다'(샤마르)입니다. 이 말은 이 시의 둘째 연부터 여섯 번 반복해서 나타납니다. 이로써 이 시가 강조하는 것은, 하나님이 자신을 지키실 것이라는 시편 기자의 확신입니다. 그런데 이러한 확신의 근거는 하나님의 언약적 사랑, 즉 인자하심에 있습니다. 하나님이 지키시는 것은 그분의 언약적 행동입니다.

이제 시편 기자는 이 언약에 기초해서 스스로 이렇게 말합니다. "여호와는 너를 지키시는 이시라"(5절상). 그렇다면 이 말의 의미는 무엇일까요? 여호와는 어떻게 지키시는 것일까요? 그래서 시편 기자는 다시 말합니다. "여호와께서 네 오른쪽에서 네 그늘이 되시나니"(5절하). 여호와는 오른쪽에서 그늘이 됨으로써 지키십니다.

하나님의 보호 · · · · · · ·

그러면 "여호와께서 네 오른쪽에서 네 그늘이 되시나니"는 무엇을 묘사한 것일까요? 시편에는 여호와를 가리켜 "그늘"로 비유해서 말한 곳이 여럿 있습니다. 그런데 이때 "그늘"은 모두 나무의 그늘이 아닌 새의 날개 그늘입니다(시 17:8; 36:7; 57:1; 63:7; 91:1, 4).

이 점은 이 "그늘"이 특별히 보호를 제공한다는 사실을 강조해서 보여줍니다. 그래서 "주의 날개"는 위험으로부터 보호받을 수 있는 안전한 장소, 피난처를 의미합니다. 다윗은 말했습니다. "주는 나의 피난처시요 원수를 피하는 견고한 망대이심이니이다 내가 영원히 주의 장막에 머물며 내가 주의 날개 아래(은밀한 곳)로 피하리이다"(시 61:3-4).

성경의 다른 곳에서도 하나님의 보호는 새가 날개로 새끼를 보호하는 것에 비유됩니다. 그래서 하나님이 이스라엘 백성을 광야에서 보호하신 것은 독수리가 날개로 새끼를 보호하는 것에 비유됩니다. "여호와께서 그를 황무지에서, 짐승이 부르짖는 광야에서 만나시고 호위하시며 보호하시며 자기의 눈동자 같이 지키셨도다 마치 독수리가 자기의 보금자리를 어지럽게 하며 자기의 새끼 위에 너풀거리며 그의 날개를 펴서 새끼를 받으며 그의 날개 위에 그것을 업는 것 같이 여호와께서 홀로 그를 인도하셨고 그와 함께 한 다른 신이 없었도다"(신 32:10-12).

또 하나님은 예루살렘을 보호하실 것을 새가 날개로 새끼를 보호하는 것에 비유해서 말씀하셨습니다. "새가 날개 치며 그 새끼를 보호함 같이 나 만군의 여호와가 예루살렘을 보호할 것이라 그것을 호위하며 건지며 뛰어넘어 구원하리라 하셨느니라"(사 31:5).

이처럼 여호와께서 그늘이 되신다는 것은 그분의 보호를 의미합니다. 그리고 이러한 하나님의 보호는 그분의 언약적 사랑인 인자에서 비롯됩니다. 이것은 여호와께서 지키시는 것이 그분의 언약적 사랑에서 비롯되는 것과 같습니다. 시편에는 이 사실을 노래한 곳이 많습니다.

주께 피하는 자들을 그 일어나 치는 자들에게서 오른손으로 구원하시는 주여 주의 기이한 사랑(개역한글, 인자)을 나타내소서 나를 눈동자 같이 지키시고 주의 날개 그늘 아래에 감추사 _ 시 17:7-8

하나님이여 주의 인자하심이 어찌 그리 보배로우신지요 사람들이 주의 날개 그늘 아래에 피하나이다 _ 시 36:7

하나님이여 내게 은혜를 베푸소서 내게 은혜를 베푸소서 내 영혼이 주께로 피하되 주의 날개 그늘 아래에서 이 재앙들이 지나기까지 피하리이다 내가 지존하신 하나님께 부르짖음이여 곧 나를 위하여 모든 것을 이루시는 하나님께로다 그가 하늘에서 보내사 나를 삼키려는 자의 비방에서 나를 구원하실지라 (셀라) 하나님이 그의 인자와 진리를 보내시리로다 _ 시 57:1-3

주의 인자하심이 생명보다 나으므로 내 입술이 주를 찬양할 것이라 이러므로 나의 평생에 주를 송축하며 주의 이름으로 말미암아 나의 손을 들리이다 골수와 기름진 것을 먹음과 같이 나의 영혼이 만족할 것이라 나의 입이 기쁜 입술로 주를 찬송하되 내가 나의 침상에서 주를 기억하며 새벽에 주의 말씀을 작은 소리로 읊조릴 때에 하오리니 주는 나의 도움이 되셨음이라 내가 주의 날개 그늘에서 즐겁게 부르리이다 _ 시 63:3-7

여기서 우리는 두 가지를 기억해야 합니다. 첫째, 하나님은 내 "그늘"로서 내 보호자가 되십니다. 이것이 "여호와는 너를 지키시는 이시라"는 말의 의미입니다. 시편 기자가 하나님을 가리켜 "날개 그늘"로 비유했다면, 이사야 선지자는 하나님을 다른 "그늘"로 비유했습니다. 여기에는 초막의 그늘(사 4:5-6), 구름의 그늘(사 25:4-5), 큰 바위의 그늘(사 32:2), 손의 그늘(사 51:12-16) 등이 있습니다. 그렇지만 그는 이러한 "그늘"로써 시편 기자와 마찬가지로 하나님의 보호를 말했습니다.

둘째, 우리는 내 "그늘"이신 하나님께 피해야 합니다. 이 사실을 보여주는 시편 구절도 많이 있습니다.

주께 피하는 자들을 그 일어나 치는 자들에게서 오른손으로 구원하시는 주여 주의 기이한 사랑을 나타내소서 나를 눈동자 같이 지키시고 주의 날개 그늘 아래에 감추사 _ 시 17:7-8

하나님이여 주의 인자하심이 어찌 그리 보배로우신지요 사람들이 주의 날개 그늘 아래에 피하나이다 _ 시 36:7

하나님이여 내게 은혜를 베푸소서 내게 은혜를 베푸소서 내 영혼이 주께로 피하되 주의 날개 그늘 아래에서 이 재앙들이 지나기까지 피하리이다 내가 지존하신 하나님께 부르짖음이여 곧 나를 위하여 모든 것을 이루시는 하나님께로다 그가 하늘에서 보내사 나를 삼키려는 자의 비방에서 나를 구원하실지라 (셀라) 하나님이 그의 인자와 진리를 보내시리로다 _ 시 57:1-3

하나님이여 주는 나의 하나님이시라 내가 간절히 주를 찾되 물이 없어 마르고 황폐한 땅에서 내 영혼이 주를 갈망하며 내 육체가 주를 앙모하나이다 내가 주의 권능과 영광을 보기 위하여 이와 같이 성소에서 주를 바라보았나이다 주의 인자하심이 생명보다 나으므로 내 입술이 주를 찬양할 것이라 … 주는 나의 도움이 되셨음이라 내가 주의 날개 그늘에서 즐겁게 부르리이다 나의 영혼이 주를 가까이 따르니 주의 오른손이

나를 붙드시거니와 _ 시 63:1-3, 7-8

지존자의 은밀한 곳에 거주하며 전능자의 그늘 아래에 사는 자여, 나는 여호와를 향하여 말하기를 그는 나의 피난처요 나의 요새요 내가 의뢰하는 하나님이라 하리니 이는 그가 너를 새 사냥꾼의 올무에서와 심한 전염병에서 건지실 것임이로다 그가 너를 그의 깃으로 덮으시리니 네가 그의 날개 아래에 피하리로다 그의 진실함은 방패와 손 방패가 되시나니 _ 시 91:1-4

이 점은 시편 121편에서도 마찬가지입니다. 시편 기자는 여호와께서 자신의 그늘로서 자신의 보호자이심을 말합니다. "여호와는 너를 지키시는 이시라 여호와께서 네 오른쪽에서 네 그늘이 되시나니." 이와 함께 그는 이러한 하나님께 도움을 구합니다. "내가 산을 향하여 눈을 들리라 나의 도움이 어디서 올까"(1절). 이처럼 우리도 내 그늘이신 하나님께 피해야 하고 도움을 구해야 합니다. 암 투병 중인 사람은 더더욱 그렇습니다.

네 오른쪽에서 ‥‥‥‥

보통 "오른쪽"은 두 가지 의미로 사용됩니다. 하나는 권세와 영광의 지위를 나타낼 때입니다. 오른쪽은 왼쪽과 비교해서 권세와 영광의 자리를 가리킵니다. 이때는 "왕의 오른쪽" 또는 "주의 오른쪽" 등으로 나타납니다(시 45:9; 80:17; 110:1, 5).

또 하나는 가까운 곳을 말할 때입니다. 오른쪽은 손이 닿는 가까운 곳을 가리킵니다. 예를 들면 "내가 여호와를 항상 내 앞에 모심이여 그가 나의 오른쪽에 계시므로 내가 흔들리지 아니하리로다 ⋯ 주께서 생명의 길을 내게 보이시리니 주의 앞에는 충만한 기쁨이 있고 주의 오른쪽에는 영원한 즐거움이 있나이다"(시 16:8, 11)에서, "오른쪽"은 "앞"과 마찬가지로 가까운 곳을 가리킵니다. "천인이 네 곁에서, 만인이 네 우편에서 엎드러지나 이 재앙이 네게 가까이 못하리로다"(시 91:7, 개역한글). 여기서 "네 우편에서"는 "네 곁에서"와 같은 의미로 사용됩니다. 그것은 가까운 곳을 가리킵니다. "그가 궁핍한 자의 오른쪽에 서사 그의 영혼을 심판하려 하는 자들에게서 구원하실 것임이로다"(시 109:31)는 하나님께서 "궁핍한 자"를 가까이서 구원하실 것이라고 말한 것입니다. "오른쪽을 살펴 보소서 나를 아는 이도 없고 나의 피난처도 없고 내 영혼을 돌보는 이도 없나이다"(시 142:4). 이것은 자기 가까이에 도와줄 사람도 피할 곳도 없음을 말한 것입니다.

본문 "네 오른쪽에서"의 히브리어 표현은 '네 오른쪽 곁에서'로 근접성을 강조합니다(삼하 15:2의 "길 곁에" 참조). 하나님이 자기 가까이서 그늘이 되시는 것을 말한 것입니다. 이것은 하나님의 보호가 가까이 있음을 의미합니다.

따라서 우리는 하나님의 보호를 멀리 찾으러 갈 필요가 없습니다. 우리는 하나님의 보호를 기다릴 필요도 없습니다. 하나님의 보호는 우리 가까이에 있기 때문입니다. 그래서 우리가 손을 내밀기만 하면 하나님은 즉시 우리 손을 잡아주십니다. 우리에게 보호가 필요할 때 보호받지 못하는 일은 결코 있을 수 없습니다. 이것이 히브리서 기자가 말한 "때를 따라 돕는 은혜"(히 4:16)입니다.

그래서 성도들은 환난 중에 속히 도와달라고 기도했습니다(시 22:19; 38:21-22; 69:17-18; 71:12). 이에 대해 하나님은 말씀하셨습니다. "그가 내게 간구하리니 내가 그에게 응답하리라 그들이 환난당할 때에 내가 그와 함께 하여 그를 건지고 영화롭게 하리라"(시 91:15).

사도 바울은 복음을 위해 누구보다도 많은 위험을 감수해야 했던 사람입니다(고후 11:23-26). 주님은 그를 부르실 때 아나니아에게 말씀하셨습니다. "그가 내 이름을 위하여 얼마나 고난을 받아야 할 것을 내가 그에게 보이리라"(행 9:16).

그런데 놀라운 것은 이런 위험 속에서 주님은 바울 가까이서 그를 보호하셨다는 사실입니다. 고린도에서 유대인의 핍박이 있을 때, 주님은 밤에 바울에게 환상 중에 말씀하셨습니다. "두려워하지 말며 침묵하지 말고 말하라 내가 너와 함께 있으매 어떤 사람도 너를 대적하여 해롭게 할 자가 없을 것이니"(행 18:9-10). 또 예루살렘에서 유대인의 핍박이 있을 때, 주님은 바울에게 말씀하셨습니다. "그 날 밤에 주께서 바울 곁에 서서 이르시되 담대하라 네가 예루살렘에서 나의 일을 증언한 것 같이 로마에서도 증언하여야 하리라 하시니라"(행 23:11). 바울이 탄 배가 유라굴로 광풍을 만나 구원의 여망이 사라졌을 때도, 주님은 바울에게 말씀하셨습니다. 그래서 바울이 그 배에 탄 사람들에게 이렇게 말한 것입니다. "내가 속한 바 곧 내가 섬기는 하나님의 사자가 어제 밤에 내 곁에 서서 말하되 바울아 두려워하지 말라 네가 가이사 앞에 서야 하겠고 또 하나님께서 너와 함께 항해하는 자를 다 네게 주셨다 하였으니"(행 27:23-24).

훗날 바울은 디모데에게 쓴 편지에서 말했습니다. "주께서 내 곁에 서서 나에게 힘을 주심은 나로 말미암아 선포된 말씀이 온전히 전파되어 모든 이방인이 듣게 하려 하심이니 내가 사자의 입에서 건짐을 받았느니라"(딤후 4:17).

바울에게 많은 위험이 있었으나, 주님은 바울 곁에서 그를 보호하셨습니다. 바울도 하나님이 그의 우편에서 그의 그늘이 되신다는 사실을 체험하곤 했습니다.

존 페이튼은 19세기 중반 남태평양에 있는 뉴헤브리디스 제도의 식인종에게 선교하러 간 영국 선교사입니다. 그는 그곳에서, 자신을 보호해 주시거나 아니면 본향으로 데려가달라고 하나님께 기도해야 할 만큼 위험한 상황을 만나곤 했습니다. 그런 그가 "우리는 하나님이 우리 가까이 계심을, 그리고 가장 좋다고 여기는 것을 행하실 전능하신 분임을 깨달았다"고 말했습니다.

이처럼 하나님은 내 가까이에 계신 내 보호자로서 나를 지키십니다. "여호와는 너를 지키시는 이시라 여호와께서 네 오른쪽에서 네 그늘이 되시나니." 시편 기자는 이 사실을 강조하기 위해 설명을 추가합니다. "낮의 해가 너를 상하게 하지 아니하며 밤의 달도 너를 해치지 아니하리로다"(6절). 이때 "낮의 해"와 "밤의 달"은 비유로써 온갖 종류의 위험을 가리킵니다. "낮"과 "밤"은 여기에 들지 않는 위험이 없음을 나타냅니다. 예를 들어, "내가 낮에도 부르짖고 밤에도 잠잠하지 아니하오나"(시 22:2)라는 말은 부르짖지 않거나 잠잠한 때가 없음을 의미합니다.

따라서 시편 기자는 하나님의 백성에게 위험이 닥치지 않을 거라고 말한 게 아닙니다. 하나님의 백성에게도 위험이 닥칠 수 있습니다. 하나님의 백성도 암에 걸릴 수 있습니다. 그러나 확실한 것은 어떤 위험

도 그들을 상하게 하거나 해하지 않을 거라는 사실입니다. 왜냐하면
하나님이 가까이에 계신 보호자로서 그들을 지키시기 때문입니다.

암 투병 중에 드리는 기도

인자하신 하나님 아버지,
내 인생에 위험이 많으나 하나님의 보호가 있으니 감사합니다.
하나님은 새가 그 날개로 새끼를 보호하듯
나를 보호해 주십니다.

이 하나님의 보호는 멀리 있는 게 아니라 내 가까이에 있습니다.
그래서 위험이 닥칠 때 나는 손을 내밀기만 하면
하나님의 보호를 경험할 수 있습니다.
그러기에 인생의 어떤 위험도 나를 상하게 할 수 없습니다.

하나님 아버지,
암 투병 중에 이러한 하나님의 보호를 잊지 않게 하소서.
그리고 그 날개 그늘 아래 피하는 나를 지켜주소서.

예수님의 이름으로 기도합니다. 아멘.

여호와께서 나로 고난 중에서
하나님의 인자하심을 알게 하셨습니다

"여호와께서 너를 지켜 모든 환난을 면하게 하시며 또 네 영혼을 지키시리로다
여호와께서 너의 출입을 지금부터 영원까지 지키시리로다"

_ 시 121:7-8

우리는 암에서 고침받는다 해도 언젠가 죽을 것입니다. 그러기에
우리에게는 암에서 고침받는 것이 목적이 될 수 없습니다. 이 땅에서
삶의 문제가 해결되는 것만으로 우리 영혼은 만족할 수 없습니다. 우
리는 그보다 더 큰 것에 목적을 두어야 합니다.

그렇지만 암 투병 속에서 우리가 경험하는 일은 영원 속에서 우리
가 경험할 일을 미리 맛보는 것이 될 수 있습니다. 왜냐하면 하나님은

언제나 동일하시고, 현재 우리에게 주어지는 그분의 보호는 미래에 주어질 그분의 보호와 다르지 않기 때문입니다.

이제 이 시의 마지막 연을 살펴볼 차례가 되었습니다. "여호와께서 너를 지켜 모든 환난을 면하게 하시며 또 네 영혼을 지키시리로다 여호와께서 너의 출입을 지금부터 영원까지 지키시리로다." 여기에 '지키다'라는 말이 세 번이나 집중되어 나타납니다. 이로써 시편 기자는 하나님께서 지키신다는 사실을 강조하면서 결론을 맺습니다.

미래에 주어질 하나님의 보호 ·······

그런데 이것은 앞에서 사용된 '지키다'라는 말과 차이가 있습니다. 앞에서는 "너를 지키시는 이"(3, 5절)나 "이스라엘을 지키시는 이"(4절)로 사용되었습니다. 그래서 이 말은 현재 주어지는 하나님의 보호를 나타냅니다. 그에 비해 본문의 이 말은 모두 "지키시리로다"(미완료 시제)로 되어 있습니다. 따라서 이 말은 미래에 주어질 하나님의 보호를 나타냅니다. 이 시는 하나님의 보호가 현재 주어지고 있을 뿐 아니라 미래에도 주어질 것이라는 확신을 말합니다.

미래에 주어질 하나님의 보호는 포괄적입니다. 이것은 현재 주어지

내가 사망의 음침한 골짜기로 다닐지라도

는 하나님의 보호가 포괄적인 것과 같습니다. 하나님은 현재 삶의 한 순간도 놓치지 않고 지켜주십니다. "너를 지키시는 이가 졸지 아니하시리로다 이스라엘을 지키시는 이는 졸지도 아니하시고 주무시지도 아니하시리로다"(3-4절). 이뿐 아니라 하나님은 현재의 모든 위험에서 지켜주십니다. "낮의 해가 너를 상하게 하지 아니하며 밤의 달도 너를 해치지 아니하리로다"(6절).

마찬가지로 하나님은 앞으로도 모든 위험에서 지켜주실 것입니다. "여호와께서 너를 지켜 모든 환난(악)을 면하게 하시며 또 네 영혼을 지키시리로다"(7절). 이뿐 아니라 하나님은 앞으로도 삶의 한 순간도 놓치지 않고 지켜주실 것입니다. "여호와께서 너의 출입을 지금부터 영원까지 지키시리로다"(8절). 주목할 것은, 미래에 주어질 하나님의 보호가 이 땅의 삶에 국한되지 않는다는 사실입니다. 시편 기자는 하나님이 "영원까지" 지키실 것이라고 말합니다.

그러면 이러한 확신의 근거는 무엇일까요? 시편 기자는 무슨 근거로 하나님께서 영원까지 자신을 보호하실 것을 확신하는 것일까요? 그 근거는 바로 하나님의 언약적 사랑입니다.

우리는 이미 앞에서 이 시가 하나님의 언약적 사랑에 기초한 것임을 살펴보았습니다. 그것은 특히 두 가지 점에서 그렇습니다. 하나는 이 시에서 반복적으로 사용된 '지키다'(샤마르)라는 단어입니다. 하나님께 사용된 '지키다'라는 말은 그분의 언약적 사랑을 배경으로 합니다. 또 하나는 이 시에 사용된 "그늘"(첼)의 비유입니다. 하나님께 사용된 "그늘"의 비유 역시 그분의 언약적 사랑을 배경으로 합니다. '지키다'라는 단어나 "그늘"의 비유는 모두 하나님의 언약적 사랑의 표현입니다.

이처럼 앞에서 시편 기자는 하나님의 언약적 사랑에 근거해 현재 주어지는 그분의 보호를 말했습니다. 그것이 암 투병 중에 우리가 기대할 수 있는 하나님의 보호입니다. 이제 시편 기자는 동일한 하나님의 언약적 사랑에 근거해 미래에 "영원까지" 주어질 그분의 보호를 말합니다. 왜냐하면 하나님의 언약적 사랑, 즉 인자하심은 영원하기 때문입니다(시 89:2, 28; 100:5; 103:17; 106:1; 107:1; 118:1, 29; 136:1; 138:8).

따라서 본문에서 시편 기자는 하나님의 언약적 사랑에 근거한 확신을 말한 것입니다. 그것은 하나님께서 미래에 "영원까지" 자신을 보호하실 거라는 확신입니다. 여기서 주목할 것은 시편 기자가 이러한 확신을 말할 때 "여호와께서"라고 말한 점입니다. "여호와께서 너를 지켜 모든 환난을 면하게 하시며 또 네 영혼을 지키시리로다 여호와께서 너의 출입을 지금부터 영원까지 지키시리로다."

그런데 시편 기자는 이 "여호와"가 어떤 분인지 이미 앞에서 말했습니다. "여호와는 너를 지키시는 이시라 여호와께서 네 오른쪽에서 네 그늘이 되시나니"(5절). 시편 기자는 여호와가 어떤 분인지 두 가지로 말했습니다. 우선 여호와는 "너를 지키시는 이"입니다. 여기 '지키다'라는 말이 여호와께 사용되었습니다. 또 여호와는 "네 오른쪽에서 네 그늘"이 되시는 분입니다. 여기 "그늘"의 비유가 여호와께 사용되었습니다. 따라서 우리가 살펴본 대로 '지키다'라는 말과 "그늘"의 비유가 사용된 여호와는 언약적 사랑을 베푸시는 분입니다.

그렇다면 본문에서 시편 기자가 미래의 확신을 말하면서 "여호와께서"라고 말한 점은 이 확신이 언약적 사랑에 근거한 것임을 나타냅니다. 이처럼 미래에 주어질 하나님의 보호에 대한 확신은 그분의 언약적 사랑에 근거합니다.

따라서 우리가 하나님의 언약적 사랑을 잘 모르면, 우리는 미래에 주어질 하나님의 보호에 대한 확신을 갖기 어렵습니다. 그러나 우리가 하나님의 언약적 사랑을 알면, 우리는 미래에 주어질 하나님의 보호를 확신할 수 있습니다.

시편 33편 내용입니다. "우리 영혼이 여호와를 바람이여 그는 우리의 도움과 방패시로다 우리 마음이 그를 즐거워함이여 우리가 그의 성호를 의지하였기 때문이로다 여호와여 우리가 주께 바라는 대로 주의 인자하심을 우리에게 베푸소서"(시 33:20-22). 여기서 시편 기자는 "우리의 도움과 방패"이신 여호와께 대한 확신을 표현합니다. 그가 이런 확신을 가질 수 있는 것은 그가 여호와의 언약적 사랑인 "인자하심"을 알기 때문입니다.

다윗은 하나님의 보호에 대한 확신을 말할 때 이렇게 말합니다. "여호와는 나의 사랑(개역한글, 인자)이시요 나의 요새이시요 나의 산성이시요 나를 건지시는 이시요 나의 방패이시니 내가 그에게 피하였고 그가 내 백성을 내게 복종하게 하셨나이다"(시 144:2). 여기 "요새" "산성" "건지시는 이" "방패" 등은 모두 하나님의 보호를 말합니다. 그런데 다윗은 그 전에 "사랑"(인자)을 말합니다. 다윗이 하나님의 보호에 대한 확신을 가질 수 있는 것은, 그가 하나님의 언약적 사랑인 인자하심을 알기 때문입니다.

우리도 하나님의 언약적 사랑을 알 때 미래에 주어질 하나님의 보호에 대한 확신을 가질 수 있습니다. 당신은 하나님의 언약적 사랑인 인자하심을 알고 있습니까? 하나님의 인자하심을 삶 속에서 체험한 적이 있습니까?

다윗은 시편 31편에서 고백했습니다. "여호와를 찬송할지어다 견고한 성에서 그의 놀라운 사랑(개역한글, 그 기이한 인자)을 내게 보이셨음이로다 내가 놀라서 말하기를 주의 목전에서 끊어졌다 하였사오나 내가 주께 부르짖을 때에 주께서 나의 간구하는 소리를 들으셨나이다"(시 31:21-22). 다윗은 시편 86편에서도 고백했습니다. "주 나의 하나님이여 내가 전심으로 주를 찬송하고 영원토록 주의 이름에 영광을 돌리오리니 이는 내게 향하신 주의 인자하심이 크사 내 영혼을 깊은 스올에서 건지셨음이니이다"(시 86:12-13). 다윗은 하나님의 인자하심을 삶 속에서 체험한 것입니다.

그런 다윗이 시편 25편에서 말합니다. "여호와의 모든 길은 그의 언약과 증거를 지키는 자에게 인자와 진리로다 … 여호와의 친밀하심이 그를 경외하는 자들에게 있음이여 그의 언약을 그들에게 보이시리로다"(시 25:10, 14). 또 시편 103편에서는 이렇게 말합니다. "여호와의 인자하심은 자기를 경외하는 자에게 영원부터 영원까지 이르며 그의 의는 자손의 자손에게 이르리니 곧 그의 언약을 지키고 그의 법도를 기억하여 행하는 자에게로다"(시 103:17-18).

하나님은 누구에게 인자를 보이실까요? 언약을 지키는 자입니다. "그런즉 너는 알라 오직 네 하나님 여호와는 하나님이시요 신실하신 하나님이시라 그를 사랑하고 그의 계명을 지키는 자에게는 천 대까지 그의 언약을 이행하시며 인애(인자)를 베푸시되"(신 7:9). 하나님은 오늘도 그분의 언약을 지키는 자에게, 즉 그분을 사랑하고 그분의 계명을 지키는 자에게 인자를 보이실 것입니다! 비록 우리가 암 투병 중에 있을지라도 그분의 언약을 지킨다면, 하나님은 우리에게 그분의 인자를 보이실 것입니다.

지금부터 영원까지 · · · · · · ·

이처럼 이 시에서 시편 기자는 하나님의 언약적 사랑에 근거해 미래의 확신을 말합니다. 이 사실을 확인시켜 주는 것이 있습니다. 바로 "지금부터 영원까지"라는 말입니다. 이 말은 시편에만 네 번 더 나옵니다.

우선 이 말은 열다섯 편의 성전에 올라가는 노래 가운데 두 번 더 나옵니다. 이때 "지금부터 영원까지"라는 말은 하나님의 언약 백성인 이스라엘과 관련이 있습니다(시 125:2; 131:3). 이렇게 이스라엘과 관련해서 "지금부터 영원까지"라고 말할 수 있는 이유가 있습니다. 그것은 이스라엘을 향한 하나님의 언약적 사랑 때문입니다. 이런 점에서, 앞에서 "이스라엘을 지키시는 이"(4절)라고 말한 것은 "여호와께서 너의 출입을 지금부터 영원까지 지키시리로다"라고 말하는 것과 무관하지 않습니다. 시편 기자는 자신을 하나님의 언약 백성인 이스라엘에 속한 자로 생각합니다.

그다음 "지금부터 영원까지"라는 말은 시편의 다른 곳에서 두 번 더 나옵니다. 이때 이 말은 여호와를 송축하는 것과 관련이 있습니다(시 113:2; 115:18). 여기 "송축하다"(바라크)는 '기리고 축하하다'라는 뜻입니다. 이 말은 언제나 하나님이 행하신 일에 대한 경험을 전제합니다. 하나님이 행하신 일에 대한 경험이 없으면 그분을 송축할 수 없습니다.

예를 들면, 시편 96편 2-3절은 말합니다. "여호와께 노래하여 그의 이름을 송축하며 그의 구원을 날마다 전파할지어다 그의 영광을 백성들 가운데에, 그의 기이한 행적을 만민 가운데에 선포할지어다."

그런데 이러한 경험의 핵심에는 하나님의 인자하심에 대한 인식이 있습니다. 그래서 성경은 자주 하나님의 인자하심을 그분을 송축하는 내용으로 말합니다.

주의 인자하심이 생명보다 나으므로 내 입술이 주를 찬양할 것이라 이러므로 나의 평생에 주를 송축하며 주의 이름으로 말미암아 나의 손을 들리이다 _ 시 63:3-4

감사함으로 그의 문에 들어가며 찬송함으로 그의 궁정에 들어가서 그에게 감사하며 그의 이름을 송축할지어다 여호와는 선하시니 그의 인자하심이 영원하고 그의 성실하심이 대대에 이르리로다 _ 시 100:4-5

내 영혼아 여호와를 송축하라 내 속에 있는 것들아 다 그의 거룩한 이름을 송축하라 내 영혼아 여호와를 송축하며 그의 모든 은택을 잊지 말지어다 그가 네 모든 죄악을 사하시며 네 모든 병을 고치시며 네 생명을 파멸에서 속량하시고 인자와 긍휼로 관을 씌우시며 좋은 것으로 네

소원을 만족하게 하사 네 청춘을 독수리 같이 새롭게 하시는도다 _ 시
103:1-5

역대하 20장에는 모압과 암몬 자손 및 세일산 사람의 큰 무리가 여
호사밧을 치러 온 이야기가 나옵니다. 그때 여호사밧은 두려워 유다
백성과 함께 여호와께 간구합니다. 그러자 여호와의 말씀이 레위 사람
야하시엘을 통해서 주어집니다. 그 내용은 그들과 함께한 여호와가 구
원할 테니 적들과 싸우러 나가라는 것입니다. 그래서 여호사밧은 이길
것을 알고 싸우러 나갑니다. 이때 그는 노래하는 자들을 군대 앞에 세
워 여호와를 찬송하게 했습니다. "여호와께 감사하세 그의 인자하심이
영원하도다"(대하 20:21)라고 말입니다.

결국 여호와께서 적들로 패하게 하셨고, 여호사밧과 그의 백성은
적들의 물건을 사흘 동안이나 탈취합니다. 그리고 나서 그들이 한 일
을 성경은 이렇게 말합니다. "넷째 날에 무리가 브라가 골짜기에 모여
서 거기서 여호와를 송축한지라(바라크) 그러므로 오늘날까지 그곳을
브라가 골짜기라 일컫더라"(대하 20:26). 그렇다면 그들이 여호와를 송
축한 내용은 바로 이것입니다. "그의 인자하심이 영원하도다." 그들은
전쟁에서 이기는 경험을 통해 여호와의 인자하심을 인식하게 된 것입
니다.

이처럼 하나님을 송축하는 것은 종종 그분의 인자하심을 인식하는 것과 관련이 있습니다. 시편 115편에서도 그렇습니다. 이 시는 이렇게 시작되고 끝납니다. "여호와여 영광을 우리에게 돌리지 마옵소서 우리에게 돌리지 마옵소서 오직 주는 인자하시고 진실하시므로 주의 이름에만 영광을 돌리소서 … 우리는 이제부터 영원까지 여호와를 송축하리로다(바라크) 할렐루야"(시 115:1, 18).

그러므로 본문에서 "지금부터 영원까지"라는 말은 하나님의 언약적 사랑과 관련이 있습니다. 우리가 암 투병 중에 경험하기를 기대하는 것이 바로 이러한 사랑인 하나님의 인자하심입니다.

암 투병 중에 드리는 기도

하나님 아버지,
현재 주어지는 하나님의 보호하심뿐 아니라,
미래에 있을 하나님의 보호하심에 감사합니다.
더욱이 미래에 있을 하나님의 보호하심은
이 땅의 삶에 국한되지 않을 것입니다.
하나님이 지금부터 영원까지 지키실 것이기 때문입니다.
이 놀라운 하나님의 보호하심이 가능한 것은
오직 하나님의 인자하심 때문입니다.

하나님 아버지,
내가 암과 투병하는 과정 속에서,
현재 주어지는 하나님의 보호하심을 통해
하나님의 인자하심을 알게 하소서.
그리고 그 인자하심에 의지하여
영원까지 있을 하나님의 보호하심을 확신하게 하소서.
그리하여 어떤 고통 속에서도 하나님의 영광을 즐거워하게 하소서.

예수님의 이름으로 기도합니다. 아멘.

부록

- - - - - - - - - - - - - - - - - - -

암 환자와 가족을 위한
묵상과 기도

1. 염려와 하나님께 대한 신뢰

"아무것도 염려하지 말고 다만 모든 일에 기도와 간구로, 너희 구할 것을 감사함으로 하나님께 아뢰라"_ 빌 4:6

"너희 염려를 다 주께 맡기라 이는 그가 너희를 돌보심이라"_ 벧전 5:7

바울과 베드로가 기록한 염려에 관한 말씀에는
세 가지 공통점이 있습니다.

첫째, 하나님은 모든 염려를 다루십니다.
바울은 "아무것도 염려하지 말고"라고 기록했습니다.
베드로는 "너희 염려를 다"라고 기록했습니다.
건강이나 돈이나 그 어떤 것에 대한 염려도
여기서 제외되는 것은 없습니다.

둘째, 해결책은 염려를 기도로 바꾸는 것입니다.
바울은 "다만 모든 일에 기도와 간구로,
너희 구할 것을 … 하나님께 아뢰라"고 말했습니다.

베드로는 "주께 맡기라"고 말했습니다.

무엇이든 염려될 때는 우리가 기도할 때입니다.

셋째, 문제의 핵심은 하나님께 대한 신뢰에 있습니다.

바울은 "감사함으로"라는 말을 사용했습니다.

이것은 기도응답에서가 아니라

하나님께 대한 신뢰에서 나오는 감사입니다.

베드로는 이러한 신뢰를 "이는 그가 너희를 돌보심이라"는

말로 표현했습니다.

이처럼 우리가 염려로 신음하는 것은 하나님의 뜻이 아닙니다.

하나님의 뜻은 우리가 염려를 통해

그분을 신뢰하며 기도하는 것입니다.

하나님 아버지,

무엇이든 염려될 때마다

당신께 기도하게 하소서.

그래서 어떤 상황에서도

저를 돌보시는 당신께 대한 신뢰를 잃지 않게 하소서.

2. 하나님의 언약과 인자하심

"그런즉 너는 알라 오직 네 하나님 여호와는 하나님이시요 신실하신 하나님
이시라 그를 사랑하고 그의 계명을 지키는 자에게는 천 대까지 그의 언약을
이행하시며 인애(인자하심)를 베푸시되"_ 신 7:9

"이르되 하늘의 하나님 여호와 크고 두려우신 하나님이여 주를 사랑하고 주
의 계명을 지키는 자에게 언약을 지키시며 긍휼(인자하심)을 베푸시는 주여 간
구하나이다"_ 느 1:5

언약은, 하나님과 자기 백성의 관계를 나타내는 말입니다.
하나님의 백성으로서 예수 그리스도를 믿는 사람은
그의 피로 세운 언약에 참여한 사람입니다(눅 22:20; 고전 11:25; 히 9:15).

하나님께서 자기 백성과 세운 언약의 핵심이
그분의 인자하심입니다.
성경에서 인자하심, 인애, 긍휼, 사랑, 자비 등으로
번역된 말(히브리어 '헤세드')은
하나님의 언약적 사랑을 뜻합니다.

내가 사망의 음침한 골짜기로 다닐지라도

이 하나님의 인자하심은

하나님의 언약이 그렇듯이 절대 변하지 않습니다.

비록 내가 처한 상황이 변할지라도,

하나님의 인자하심은 변하지 않습니다.

그러기에 아무리 힘들고 어려운 상황에서도 내가 붙들 수 있는 것은

오직 하나님의 인자하심입니다.

중요한 것은,

하나님의 백성이 언약대로 그분을 사랑하고

그분의 계명을 지키는 일입니다.

하나님 아버지,

당신을 사랑하고 당신의 계명에 순종하기 원합니다.

힘들고 어려운 상황에 처한 저에게

당신의 언약 안에서 당신의 인자하심을 베푸소서.

3. 하나님의 인자하심과 선하심

"여호와여 주의 인자하심이 선하시오니 내게 응답하시며 주의 많은 긍휼에 따라 내게로 돌이키소서"_ 시 69:16

"그러나 주 여호와여 주의 이름으로 말미암아 나를 선대하소서 주의 인자하심이 선하시오니 나를 건지소서"_ 시 109:21

하나님의 인자하심은
자기 백성에 대한 그분의 선하심으로 나타납니다.
하나님께서 그들의 기도에 응답하시며
그들을 고통에서 건지시는 것은
그 인자하심의 표현입니다.

그래서 성경은
하나님의 선하심과 인자하심을 자주 함께 언급합니다.
특히 다윗은
"주의 인자하심이 선하시오니"라고 두 번 고백했습니다.

이 고백은

자신의 체험에서 나온 것입니다.

다윗은 수많은 인생의 위기마다

변함없이 자신을 지키시고 돌보시는 하나님을 알게 된 것입니다.

이처럼 자기 백성에 대한 하나님의 선하심은

그분의 인자하심의 표현입니다.

그래서 다윗의 고백은

모든 하나님의 백성에게 공통된 고백이 됩니다.

하나님 아버지,

당신의 인자하심은 선하시니

제가 처한 상황을 이해할 수 없을 때에도

슬퍼하거나 낙심하지 않고 당신을 신뢰하게 하소서.

4. 하나님의 선하심

"이는 우리가 전에 왕에게 아뢰기를 우리 하나님의 손은 자기를 찾는 모든 자에게 선을 베푸시고 자기를 배반하는 모든 자에게는 권능과 진노를 내리신다 하였으므로 길에서 적군을 막고 우리를 도울 보병과 마병을 왕에게 구하기를 부끄러워하였음이라"_ 스 8:22

"여호와는 선하시며 환난 날에 산성이시라 그는 자기에게 피하는 자들을 아시느니라"_ 나 1:7

"우리 하나님의 손은 자기를 찾는(히브리어 '바카쉬') 모든 자에게
선을 베푸시고."
이는 에스라와 이스라엘 자손이 바사 왕 아닥사스다에게 한 말입니다.
이 말은 하나님께 대한 그들의 믿음을 표현한 것입니다.
그래서 이 말 전후로 그들이 금식하며
하나님께 간구하였다(바카쉬)는 말이 나옵니다.

여기서 주목할 것은 이 말입니다.
"모든"

이 말은 예외가 없음을 보여줍니다.

하나님을 찾는 사람은 누구나 그분의 선하심을 맛보게 될 것입니다.

"여호와는 선하시며 환난 날에 산성이시라."

이 말씀의 의미는 이렇습니다.

여호와는 환난 날에 산성이시라는 점에서 선하시다는 것입니다.

이렇듯 여호와의 선하심은 우리의 환난 날에 잘 드러납니다.

인생에는 환난 날이 있기 마련입니다.

누구에게나 어두운 먹구름이 드리우고

비바람이 몰아치는 때가 있습니다.

그러나 그러한 때 여호와는 산성이 되어주심으로

그분의 선하심을 드러내십니다.

하나님 아버지,

환난 날에 당신께 피하게 하시고 당신을 찾게 하셔서,

당신의 선하심을 알게 하소서.

5. 하나님의 인자하심과 보호

"주께 피하는 자들을 그 일어나 치는 자들에게서 오른손으로 구원하시는 주여 주의 기이한 사랑(개역한글 인자)을 나타내소서 나를 눈동자 같이 지키시고 주의 날개 그늘 아래에 감추사"_ 시 17:7-8

"하나님이여 주의 인자하심이 어찌 그리 보배로우신지요 사람들이 주의 날개 그늘 아래에 피하나이다"_ 시 36:7

"주의 날개 그늘"은 하나님의 보호에 대한 비유입니다.
그런데 이 보호는 하나님의 인자하심에서 비롯됩니다.
그런 만큼 이 보호는 신뢰할 만합니다.
왜냐하면 하나님의 인자하심은 언약에 기초한
그분의 변함없는 사랑이기 때문입니다.

그래서 한 성도는 이렇게 노래했습니다.

　주 날개 밑 내가 편안히 쉬네
　밤 깊고 비바람 불어쳐도.

아버지께서 날 지켜주시니

거기서 편안히 쉬리로다.

주 날개 밑 평안하다

그 사랑 끊을 자 뉘뇨.

주 날개 밑 내 쉬는 영혼

영원히 거기서 살리.

하나님 아버지,

인생의 위험 앞에서 기억하게 하소서.

아무것도 저를 당신의 사랑에서 끊을 수 없음을.

그래서 그 사랑의 날개 그늘 아래 피하게 하소서.

6. 하나님의 인자하심과 도움

"내 영혼아 네가 어찌하여 낙심하며 어찌하여 내 속에서 불안해 하는가 너는
하나님께 소망을 두라 그가 나타나 도우심으로 말미암아 내가 여전히 찬송하
리로다" _ 시 42:5

"우리의 대제사장은 우리의 연약함을 동정하지 못하시는 분이 아닙니다. 그
는 모든 점에서 우리와 마찬가지로 시험을 받으셨지만, 죄는 없으십니다. 그
러므로 우리는 담대하게 은혜의 보좌로 나아갑시다. 그리하여 우리가 자비
를 받고 은혜를 입어서, 제때에 주시는 도움을 받도록 합시다." _ 히 4:15-16,
새번역

"너는 하나님께 소망을 두라."
이 말은 미래에 대한 믿음을 가지라는 뜻입니다.
그것은 현재 낙심되고 불안한 상황 속에서
미래에 주어질 하나님의 도움을 기대하는 믿음입니다.

이러한 도움에 대한 믿음과 기대는 하나님의 인자하심에 근거합니다.
따라서 하나님께 소망을 두는 것은

그분의 인자하심을 구하는 것입니다.

그래서 시편 기자는 이렇게 기도했습니다.

"여호와여 우리가 주께 바라는(소망을 두는) 대로

주의 인자하심을 우리에게 베푸소서"(시 33:22).

히브리서 기자는 하나님으로부터 오는

"제때에 주시는 도움"이 있음을 말합니다.

중요한 것은 그러한 도움이

하나님께 "자비를 받고 은혜를 입은" 결과라는 것입니다.

이 사실은 그가 하나님을 가리켜

"은혜의 보좌"로 부른 것과 관련이 있습니다.

그렇다면 "제때에 주시는 도움"은

하나님의 자비와 은혜(인자하심)에서 온 것입니다.

따라서 우리는 하나님의 도움을 얻기 위해

"담대하게 은혜의 보좌로 나아가야" 합니다.

이것을 가능하게 하신 분이 우리의 대제사장이신

예수 그리스도입니다.

그분은 우리의 연약함을 동정하지 못하시는 분이 아니며,

모든 점에서 우리와 마찬가지로 시험을 받으신 분입니다.

하나님 아버지,

어떤 상황 속에서도

당신의 인자하심에 의지하여

당신께서 "제때에 주시는 도움"을 받게 하소서.

7. 하나님의 도움

"하나님은 우리의 피난처시요 힘이시니 환난 중에 만날 큰(바로 만날, 바로 즉
석의) 도움이시라"_ 시 46:1

"두려워하지 말라 내가 너와 함께 함이라 놀라지 말라 나는 네 하나님이 됨이
라 내가 너를 굳세게 하리라 참으로 너를 도와주리라 참으로 나의 의로운 오
른손으로 너를 붙들리라"_ 사 41:10

"하나님은 우리의 피난처시요 힘이시니."
여기에 환난 가운데 주어지는 큰 위안이 있습니다.
그런데 이런 설명이 추가되어 있음을 주목해야 합니다.
"환난 중에 만날 큰 도움이시라."

이 말을 정확히 번역하면
'환난 중에 바로 만날(즉석의) 도움'이 됩니다.
이것은 환난 중에 우리가 기대할 수 있고 발견할 수 있는
도움을 강조한 표현입니다.
하나님이 이러한 도움이십니다!

이사야 선지자가 기록한

하나님의 도움에 관한 약속은 놀랍습니다.

하나님의 도움은 사람의 도움과 다르기 때문입니다.

전능하신 하나님의 도움에는 한계가 없습니다.

더욱이 삼중으로 표현된 이 약속은 확실합니다.

"내가 너를 굳세게 하리라."

"참으로 너를 도와주리라."

"참으로 나의 의로운 오른손으로 너를 붙들리라."

하나님 아버지,

당신은 제가 도움이 필요할 때면

언제든 도움이 되어주시는 분입니다.

당신께 구하오니

환난 중에 있는 저를 도우소서.

"여호와는 너를 지키시는 이시라 …
여호와께서 너의 출입을
지금부터 영원까지 지키시리로다"

_ 시 121 : 5, 8

내가 사망의 음침한 골짜기로 다닐지라도

초판 1쇄 발행 2020년 5월 18일
초판 2쇄 발행 2020년 9월 4일

지은이   도지원

펴낸이   곽성종
기획편집   방재경
디자인   투에스

펴낸곳   아가페출판사
등록   제21-754호(1995. 4. 12)
주소   (06698) 서울시 서초구 효령로8길 5 (방배동)
전화   584-4835(본사) 522-5148(편집부)
팩스   586-3078(본사) 586-3088(편집부)
홈페이지   www.iagape.co.kr
판권   ⓒ 2020 도지원
ISBN   978-89-537-9628-7 (03230)

서지정보유통지원시스템 홈페이지(http://seoji.nl.go.kr)와
국가자료공동목록시스템(http://www.nl.go.kr/kolisnet)에서
이용하실 수 있습니다.
(CIP제어번호: CIP2020012701)

아가페 출판사